JN165143

乃木坂46

素顔のコトバ

NOGIZAKA

坂道のぼれ!

小倉航洋

太陽出版

プロローグ

2016年に加入した3期生人気に火が点き、ドラスティックな展開が待っていた乃木坂46の2017年は、3年連続単独出場のNHK紅白歌合戦で幕を下ろす。

「今年は通常の真夏の全国ツアーのファイナルとして、遂に東京ドーム2Daysコンサートが行われました。2月に行われた橋本奈々未卒業コンサートとバスラ2Daysで10万5千人を動員し、ツアーの神宮球場2Daysで7万人、東京ドーム2Daysで10万人。今年、小嶋陽菜と渡辺麻友のビッグネーム2人が卒業したAKB48は、その卒業コンサート合計3公演での動員数が4万人弱。乃木坂の東京ドーム1回以下で、明らかな大差で勝負がついてしまいました」（人気放送作家氏）

そんな乃木坂46メンバーのリアルな声と本音をお届けするのが、今回の『乃木坂46　素顔のコトバ～坂道のぼれ!～』だ。

本書は乃木坂46と交流がある現場スタッフ、周辺スタッフを中心に取材を敢行し、メンバー自身が彼らに語った言葉、それらにまつわるエピソードを中心に構成している。

彼女たちが舞台裏で見せる素顔、彼女たち自身が語った言葉から垣間見える〝真の姿〟は、他の誰にも描けない。

上がりに上がる乃木坂46をより深く知る上での、皆さんの一助となれば幸いだ――。

秋元真夏

『小学校の卒アルに書いた将来の夢が、少しだけど叶いました。改めてこのお仕事の可能性、無限だって信じて頑張っていきたい』

~2017年5月3日に開催された『Girls Award 2017 SPRING/SUMMER』でMCを務めた秋元真夏。卒業アルバムに書いた「アナウンサーになりたい」夢が、7時間にも及ぶMCで叶えられた気分~

生田絵梨花

『子供の頃から映画やドラマに感動して泣くような子じゃなく、むしろ恥ずかしいと思う子だった。乃木坂46に入ってから5年以上、悔し涙の先にようやく感動の涙の存在を知れました』

~思い通りにならない悔しさを乗り越え、自分に自信を持てるようになった今だからこそ、素直に感動の涙を流せるようになった——と、生田絵梨花は語る~

衛藤美彩

『一時期、〝どうやったって私のすべてをわかってもらうのは無理だし、それなら握手会で自分をさらけ出すのはやめよう〟……って考えたことがあったんです。結局わかってもらえないなら、〝自分が損するだけじゃない！〟って。その時は仕事が上手くいってなかったこともあって、今思えば「何考えてたんだよ！」――ってなりますよね（苦笑）。でもそこで私よりもファンの皆さんのほうが先に気づいてくれて、ずっと「この関係性を保っていたい」と思わせてくれたんです』

〜この先、乃木坂46と自分がどうなろうとも、ファンとの関係性、距離感が「変わることはない」と語る衛藤美彩。だからこそ彼女は〝握手会の女王〟なのだ〜

齋藤飛鳥

『後輩がたくさん出来た今だからこそ、もっと私たちに「頼っていいんだよ」と伝えたいんです。私は周囲に頼ることを知ったのが、すごく遅かったから――』

〜『裸足でＳｕｍｍｅｒ』のセンターを務めるまで、周囲に「弱味を見せてはならない」と、頑なに心に誓っていた齋藤飛鳥。頼ることを覚え、自分のパフォーマンスがより向上した経験を早く後輩に伝えて〝楽にしてあげたい〟のだ〜

白石麻衣

『3期生の『3人のプリンシパル』を見て、最初の『16人のプリンシパル』を思い出したんです。あの頃、観客席に向かって「どうしても1位になりたいんです！」——とアピールした、めちゃくちゃ必死だった自分を』

～クールビューティーのイメージが定着しているから……ではないだろうが、何に対しても「必死に取り組む方法しか知らなかった」頃の自分を思い出し、〝その経験があってこそ〟の想いを新たにする白石麻衣～

高山一実

『乃木坂46を代表してバラエティー番組に出させて頂くと、本当に何から何まで勉強になることばかり。最近ではフジモンさん（FUJIWARA）から、収録が長くなればなるほど、ご年配の出演者の話は「ずっと笑顔で聞くのが高山ちゃんの役割やで」——ってアドバイスされました。そこにはアイドルが番組に呼ばれた意味があるんです』

～高山一実はバラエティーで売れるためのコツを、毎回少しずつ持ち帰っている～

西野七瀬

『私たちが外からどう見られているか、自分たちでは本当にわからない。みんなで話し合って「謙虚にいこう」って決めたこともないんです。ただ個々の性格が控え目で、厚かましく図々しい態度が取れないことが、そんな印象を残してくれたんだと思います。本当は私も、生ちゃんみたいに〝出る時は出る〟性格になりたかったけど』

～乃木坂46が7年目を迎えている今、相も変わらずギョーカイ内の評判は「謙虚で清楚な子たち」のまま。しかし西野七瀬は、それればかりが取り沙汰されるのは「逆に発信力のなさを物語っている」と分析する～

堀未央奈

『やっぱり悔しい。知名度や実力を上げて、ファンの皆さんに「未央奈ならセンターに相応しい」と思ってもらえるようになってから、それでセンターに選ばれたかったのは、ずっと抱えてる本音と、何も出来なかった後悔ですね』

～『バレッタ』以降、堀未央奈はもちろんのこと、2期生からセンターが現れない現状。遂には3期生のWセンターに先を越され、いよいよ追い込まれた感のある2期生たち。しかし堀をはじめ、その闘志の炎は静かに燃え続けているのだ～

松村沙友理

『自分を客観的に見るのが苦手で、自己プロデュースがすごく下手なのが私。だからあの1年間は、〝これからの未来をちゃんと生きていくようにする、芽を出すための種を蒔く〟——そんな1年間にしたかったんです。結果を求めるよりも、まずは自分の経験値を増やすために』

~11thシングルから14thシングルの間、福神から外れていた松村沙友理。御三家の一人が福神落ちした理由は、言わずと知れた熱愛騒動。その期間をどう過ごしたかが、今の結果に繋がっているのだ~

与田祐希

『基本、私は血筋というか、根っからのネガティブで、1回そのスイッチが入ると、とことん落ちるところまで止まらないんです。でもこの活動を通して、ふとそれがバカらしくなったんですよ。だって毎日、ポジティブの何倍もネガティブがやって来るんですから』

~実質的には〝3期生のエース〟として認められている与田祐希。その与田がいつまで経ってもネガティブな自分から抜け出せないとなると、これからの3期生の成否に関わる問題。しかし自らきっかけを掴んでこそ、エースはエースとして君臨するのだ~

これから登場する59のエピソードと、44のフレーズたち。
彼女たちを現場で見守り続けて来た周辺スタッフだけが知る乃木坂46の真の姿。
そこには彼女たちが舞台裏でしか見せない〝素顔〟が垣間見えるはずだ――。

目次

2 プロローグ

19 素顔のコトバ ～フレーズ&エピソード～

20 秋元真夏が決して諦めない〝センター〟への強い決意
『ぶっちゃけセンターに立つ野望を捨ててはいませんからね。2017年がダメなら2018年、2018年がダメなら2019年。乃木坂46にいる限り、それを諦めちゃいけないんです』

24 秋元真夏が感じている、自らのリアクションに対する〝ギャップ〟
『よく外の番組に呼んでもらえるようになって、それは〝秋元真夏〟個人として懸命に頑張らなきゃいけないんですけど、逆に乃木坂に戻って来た時、テンションの使い分けやリアクションに苦労するんですよ。外のテンションだと乃木では浮きまくって、私、超出たがりに見えてません?』

27 生田絵梨花を変えた〝松井玲奈の教え〟
『2014年に（松井）玲奈さんが交換留学生で来て、その時に〝やりたいことは口にしたほうがいい〟ことを学ばせてもらった。私たちにとっては初めての先輩で、玲奈さんの経験から来る言葉は本当に重い。私が変われたのはそれからです』

31 〝決して歩みを止めることをしない〟生田絵梨花のポリシー
『前に進めば進むほど、自信がなくなっていく。グループの外に出たら、私なんてとても敵わない人がいっぱいいる。でも、それで〝自分はまだまだ〟と思えてることが成長に繋がる』

34 生駒里奈が常に戦い続ける〝大人たちの世界〟
『大人たちの世界で正義を貫くのは難しい。でも貫かない自分は嫌。そこで覚えたのが、私の中で正しい考え方は一つでも、「やり方は何種類もあるじゃん」――ってことなんです。それまでは何でもかんでも真正面からぶつかって、弾き飛ばされても「自分が傷つくだけだからいいや」って思っていたけど、ぶつかる角度や場所を調整し始めたら、ビックリするぐらい意見が通るようになったんです。大人の世界で戦うには、自分も大人にならなきゃダメだったんですね』

37 伊藤かりんは乃木坂46の〝生徒会長〟
『今年になって、さゆりんご軍団の大臣から大統領に出世したんですよ。大統領って明らかに一番偉く感じますけど、ウチはどこまで行っても軍団長がNo.1。だって私が入ってから本格的に軍団が動いたとか言われてますけど、裏でしっかりと糸を引いているのは軍団長ですからね。まっちゅんは自己演出は下手だけど、人をプロデュースするのはめちゃめちゃ上手い。軍団で動画を上げた『さゆりんごマジョリティー』なんて、まさに〝神動画〟でしたから!』

伊藤純奈が目指す〝橋本奈々未の後継者〟 40

『2年ぐらい前、橋本奈々未さんに「ファンの人に褒めてもらったら、その部分を長所にすることを考えればいいんじゃない?」——って、アドバイスしてもらったことがあったんです。その時は橋本さんに「自分のセールスポイントがわからない」と相談したんですけど、「私もだよ」と返って来たのにはビックリしました。そして「ファンの人に褒めてもらいな」——って言われたんです。もうすぐ10代最後の年令になるから、本格的にそのアドバイスを実行して、キチンと10代を締め括ろうかと思います』

井上小百合が改めて問い掛ける〝自分たちの実力と器量〟 43

『乃木坂46が東京ドームでコンサートをするって考える前に、私、井上小百合が東京ドームのステージに立つことを考えると、明らかに自分の身の丈には合わないじゃないですか（苦笑）。それは私が乃木坂46にいるから出来る、やらせてもらえること。東京ドームはこれまでのステージの中で最高に大きい場所だから象徴的ですけど、実はそれ以外のほとんどの仕事も、乃木坂46にいるからこそ声をかけてもらえるものばかり。私たちはそこをはき違えて、その気になってはいけないんです』

握手会の女王・衛藤美彩を〝本気〟に変えたファンとの関係性 46

『一時期、〝どうやったって私のすべてをわかってもらうのは無理だし、それなら握手会で自分をさらけ出すのはやめよう〟……って考えたことがあったんです。結局わかってもらえないなら、〝自分が損するだけじゃない!〟って。でもそこで私よりもファンの皆さんのほうが先に気づいてくれて、ずっと「この関係性を保っていたい」と思わせてくれたんです』

衛藤美彩が〝みさ先輩〟のアダ名に感じていた違和感 50

『〝みさ先輩〟っていうアダ名が年下メンバーや2期生たちとの距離を縮めてくれたのは確かですけど、私自身、そのアダ名には悩んだ時期があって、わざわざ〝先輩〟って呼ばれるほど、「そんなに高圧的で威圧的な人間に見えるのかな〜」って。だって〝先輩〟って、そういうイメージがあるじゃないですか（笑）?』

川後陽菜の〝人間観察〟のための街歩き 53

『時間が空いている時は、出来るだけ街に溶け込むようにしてます。カメラを持って、目についた光景を撮るんです。どんな場所でもまったく同じ景色は二度と撮ることが出来ないから、その一瞬一瞬が大切なんですよ。そうしてファインダー越しに往来する人たちを眺めることで〝人間観察〟の感性も養うことが出来るから』

川村真洋が今も大切に想う〝3人のセイラ〟 56

『私を支えてくれた〝トリプル・セイラ〟とはずっと関係が続いているんですけど、大人の中には卒業生と頻繁に会うことをあまり快く思わない人もいて、たまに注意というか、〝どこに遊びに行ってどんな話をしたのか〟とか、結構ガッツリと聞かれたりしますね。でも現役のメンバーは厳密に言えば〝友だち〟ではないし、「卒業したからこそ友だちづき合いが出来るんじゃないの?」——って私は思うんです。まあ、大人に〝気にかけてもらえてる〟と思えば、そんなに苦じゃないけど（笑）』

北野日奈子が素直にアピールし始めた〝自分の願望〟 59

『今の自分は相変わらずダンスは下手くそだし、歌は音痴で恥ずかしいぐらいだけど、それをちゃんと克服する前に、やりたいことばっかり増えて困ってるんです。本当はパフォーマンスを上げて、歌もダンスも自信を持てるようにならなきゃいけないのに。私、自分がこんなに欲張りだなんて思ってもいなかった。でも声を上げて、いろんなことに挑戦しようとするのも、乃木坂46らしいと思うんです』

◢齋藤飛鳥が花開かせる〝役者〟としての高い資質 62

『お芝居そのものは、出来るだけ早い時期にやりたかった仕事でもあったんです。去年ぐらいから自分の中でジワジワと大きくなって、もしかしたら〝これかもしれない〟っていう、演じる楽しさを感じてもいたので。それは今回、舞台で掴むことが出来ました』

齋藤飛鳥が掴んだ〝センターの責任〟 66

『センターをやりたくてもやらせてもらえない子もいる。その中でセンターに選んでもらってるのに、ネガティブな態度を取るのは他のメンバーに失礼。ちょっと誤解を生むかもしれないけど、どんなに疲れていても〝やる気がある〟ように見せることがセンターの義務』

念願の〝ミステリーハンター〟に抜擢された斎藤ちはるの今後の目標 69

『ちょっと前、陽菜に「台湾のお勧めスポット教えて」と聞かれて、ミステリーハンターの資料とかノートを見返してみて、陽菜が好きそうなエリアや名所をチェックして教えたんです。私が撮って来た写真もデータにして。「ありがとう！」ってすごく喜んでくれたから嬉しかったんですけど、そのデータを見ながら「スイカで行きたいんだ〜」って……。いやいやアナタ、それを言うなら「チューリップで行こうよ」じゃない？ 別にスイカに恨みはないし行っても構わないけど、陽菜はスイカに入る全然前からチューリップじゃん（笑）！』

斉藤優里が明かすスイカメンバーとしての〝乃木坂46への貢献〟 72

『〝なぁちゃんが疲れてるな〜〟と思ったら、だいたい、私がリードしてスケジュールを決めます。今年はお正月の香港と、春には沖縄と石垣島にも行きました。目的はなぁちゃんにリフレッシュしてもらうこと。今、乃木坂にはまいやん、生ちゃん、生駒ちゃん、そしてなぁちゃんって、外に向けて発信してくれるメンバーの存在が必要不可欠だけど、中でもなぁちゃんは辛さを内に抱え込んじゃうから、スイカメンバーでパアーッと発散させてあげないと……』

相楽伊織が秋元真夏を〝リスペクトしてやまない〟理由 75

『私の好きな名言の一つに、「人はどうでもいい相手への態度に、本当の性格が現れる」——っていう言葉があって、それは真夏さんを見ていれば〝確かにその通りだな〜〟って納得する言葉なんです。真夏さんはどんな人にも優しくて、たとえ初対面の人でも〝この人（秋元）は何て親切で優しい人なんだろう〟って思わせる態度しかしていない。軍団員の一人としてずっと見て来ているから、それは間違いありません』

桜井玲香、そして乃木坂46が乗り越えた〝AKB48の公式ライバル〟という大きな試練 78

『これは本当、キャプテンの私が言っちゃいけない〝乃木坂あるある〟なんですけど、1期生の誰も、私たちがAKBさんの公式ライバルになれるだなんて、これっぽっちも思ってなかったんですよね（笑）。秋元先生がシャレで付けたキャッチフレーズで、〝そのうちなくなるんじゃないか〟……と。いろんな取材で自分たちから言わなきゃいけなくなった時も、恥ずかしくて言いたくなかったですもん。それが少し〝本気〟になって来たのが、まいやんがモデルで認められたり、3周年ライブを西武ドームでやれたりした頃です』

佐々木琴子が苦手とする〝感情表現〟の出し方 81

『これはもう、人から何と言われようと、〝無理に変えるものでもないんじゃないかな〜〟って、自分では思ってます。私は喜怒哀楽

の表情が出ないというか〝ない〟と言われて、まるで人間じゃないような扱いですよね（苦笑）。自分としては大好きなアニメを見たり、行ってみたかった猫カフェに行けば、周りがビックリするぐらいの声が出たりするから、決して表情がない、もっと言うと感情がない人間ではないと思います。ただあまりにも言われるので、これからは少し曲げるべきかな……と。あくまでも自分は自分ですが、テンションだけは上げたり下げたりコントロールするべきなのかも？』

白石麻衣が改めて振り返る〝乃木坂46を選んだ〟理由 84

『たとえば乃木坂がＡＫＢさんみたいに毎日公演をする劇場を最初から持っていたら、私はオーディションを受けなかった。だってそれなら、ＡＫＢ48を受けたほうがいいですよね？２０１１年なんてＡＫＢさんが大ブレイクしていた時なんですから（笑）。それでも乃木坂を選んだのは、運命に導かれたとしか思えない』

白石麻衣が決して認めようとしない〝ＡＫＢ超え〟 87

『いろんな方に、きっと〝嫌み半分〟で言われていると思うんですけど、毎日、現場でコンビニのお弁当を食べてる私が、アイドル界の頂点に立つ売れっ子だなんて、そんなことがあるわけないじゃないですか（笑）』

〝ＯＬ兼任アイドル〟新内眞衣にしか出せない〝セールスポイント〟 90

『この前『乃木坂工事中』でタイ観光大使のロケがあったじゃないですか？　玲香とかずみん、まっちゅんが行って来たヤツ。あれどう考えたって、私が選ばれるのが順当だと思いませんか⁉　最初、観光大使のイベントで行った時の7人に入ってたし、そもそも写真集だってタイで撮影してるんですよ！　誰よりもタイと縁があるのは、絶対に私ですからね。ただ今回の場合、さすがにもう年内の有休は残ってない。まあ、サラリーウーマンの宿命には逆らえませんよ（笑）』

鈴木絢音が今も持ち続ける〝正規メンバーへ昇格時のトラウマ〟 93

『私は2期生に合格した後でもなかなか踏ん切りがつかなくて、秋田の実家から2年間上京出来なかったじゃないですか。当然のようにすべてにおいて出遅れていて、アンダーライブの全国ツアー、東北シリーズまでに〝ようやく追いつけたかな～？〟ぐらいが本当の実力だったんです。それからは中途半端な自分とサヨナラするために、パフォーマンスでもお芝居でもみんなを追い抜くことを目標にしています。あの正規メンバーへの昇格の時のように、劣っている自分が上に上げられるようなこと、二度と経験したくないので』

高山一実を逞しく成長させた〝ある試練〟 96

『時にはあまりにもしんどくて、その場から逃げ出したくなることもありました。でもそんな時に〝あのこと〟を思い出すと、どんなことにも耐えられる。いろいろと苦しかったり辛かったりしたことはあったけど、〝あれ以上のことはないんだから〟――って』

高山一実が気づいた〝バラエティ担当〟に必要な資質 100

『私の失敗は自分をバラエティに寄せすぎて、アイドルだということを忘れていたこと。番組のその場のノリに乗ることに必死で、アイドルの振る舞いが出来なかったこと。それはビックリするぐらい結果に繋がるんですよ。〝人気〟っていう（笑）』

寺田蘭世が虎視眈々と狙う〝選抜定着〟 103

『自分の中で最も大きなターニングポイントは、センターをやらせてもらった武道館でのアンダーライブですね。もちろん研究生から昇格したことも含めて2期生として4年もやってれば、他にも候補はいろいろありますよ。でも去年の12月のあのライブは、選抜単独、アンダー単独で4日間やったのに、その締めを選抜じゃなくアンダーが務めたんですよ。武道館でそんなシチュエーションが訪れるなんて思ってもみなかったし、どれだけ「アンダーライブが凄い」ってクチコミで広がっても、実際に見てもらわなきゃ次に繋がらない、何も始まらないことを知れたことも大きかった』

中田花奈が目指そうとする〝プロデューサー・指原莉乃〟 106

『3期生が入って来て、彼女たちメインの『NOGIBINGO!8』を見ていたら、与田ちゃんには〝こんな企画をぶつけたら面白いのに〟とか、久保ちゃんは〝こうイジると絶対に盛り上がる〟とか、作家やプロデューサー目線で番組を見ている自分に気がついたんです。2期生はすぐ下の後輩だったから少しはライバル意識を持たなきゃいけないところもあったけど、1期挟んだ3期生にはそれをまったく感じない。今後、4期生が入って来るとさらにその傾向が強まりそうだし、そろそろ私も将来の運営入りを視野に入れるべきかも(笑)』

◢西野七瀬が欅坂46に対して感じている素直な想い 109

『〝欅坂46の勢いがスゴい〟って言われるようになってから、たまに現場で「やっぱり意識するの?」って聞かれることがあるんですけど、それは本当、まったくないんですよ』

西野七瀬が胸に秘めている〝乃木坂46のこれからの方向性〟 113

『私たちが外からどう見られているか、自分たちでは本当にわからない。みんなで話し合って「謙虚にいこう」って決めたこともないんです。ただ個々の性格が控え目で、そんな印象を残してくれたんだと思います。本当は私も、生ちゃんみたいに〝出る時は出る〟性格になりたかったけど』

生田絵梨花に触発されて覚醒した能條愛未の〝女優魂〟 116

『初期の頃、私がかずみんと並んで〝バラエティ担当〟だったの、みんなまだ覚えてますかね? ちなみにバラエティ担当を辞めたわけじゃありませんよ(笑)。私は昔から芸能活動をして、それなりの回数、舞台経験を積んで来ました。でもこの1~2年、生ちゃんが「舞台をやりたい」「ミュージカルをやりたい」って手を挙げ、次々と結果を残す姿を同期として見ていると、「自分だって」――という気持ちが押さえられなくなったんです。表のミュージカル女優、舞台女優の看板が生ちゃんなら、私は裏の看板でいい。〝一度は勝負してみたい〟――そうやって、もがこうとするメンバーがここにいるだけの話です』

樋口日奈が自ら誓う〝20才の決意〟 119

『ちょっと前、欅ちゃんの何人かが成人式の日の握手会を欠席するっていう話が話題になったんですよ。「ウチらの握手会も成人式になかったっけ!?」――って。結局その日に19thシングルの全国握手会が入っていて、みんなスケジュールを把握していなかったから、成人式組は「ウチらも(成人式に)出られるよね?」……と、それなりに不安になってました(笑)。気がつけば私も来年の1月31日には20才になって、その前には成人式を迎える。これからは若い10代の高校生メンバーや中学生メンバーの〝お悩み相談室〟の相談員になることが、私の重要な役割』

◢星野みなみに訪れた〝イメチェン〟の時期 122

『こう見えて私も来年は20才になるし成人式だし、いつまでも

自由気ままな〝星野みなみ〟じゃいけないんだけど、やっぱりそこはアイドルとしてのイメージを大切にしたいから、ずっとキープしておきたいんですよね』

選抜落ちを経験した星野みなみが〝変わり始めた〟きっかけ 126

『生ちゃんも生駒ちゃんも凄い才能があって、何の武器もない私がフロントに選ばれた時、ずっと「どうしよう？　ヤバいよ！」……って気持ちしかなかったんですよ。でも一旦、フロントどころかアンダーに落ちて、緊張よりも〝楽しい〟気持ちが勝るようになりました。自分で自分にかけていたプレッシャーから解放されたんです』

海外仕事の経験で堀未央奈に芽生えた〝海外志向〟 129

『〝プライベートの友だち2～3人と海外旅行に行きたいな～〟って、最近特に思うんですよね。誰かの後にくっついて行くんじゃなく、同じような海外レベル同士で、わちゃわちゃやりながら旅行に行きたい。だってそのほうが、絶対に人生経験になりますもん！』

堀未央奈が改めて感じた〝2期生の底力〟 133

『同期の活躍は自分のことのように嬉しいし、それぞれがやりたいことをやって輝くことって、本当にスゴいと思う。同じ時に乃木坂に入って、これまであまり一緒にやって来れなかったけど、それぞれの経験が結集した今が一番強い』

〝さゆりんごスマイル〟の裏側にある松村沙友理の〝乃木坂愛〟 136

『私、目の前の仕事はどんな仕事も一生懸命に頑張りますし、〝仕事には大きいも小さいもない、どんな仕事だって私を呼んでくださった大切な仕事なんだ〟――っていう意識は、これからもずっと変わらずに持ち続けるつもりです。正直なところ将来に関してはかなりテキトー人間で、どこかで「そのうち〝絶対にコレ！〟っていうのが見つかればいいや」……としか考えてないから、〝あまり期待されたくない〟っていう性格でもあります』

松村沙友理があえて選んだ〝最も辛い選択〟 140

『自分を客観的に見るのが苦手で、自己プロデュースがすごく下手なのが私。だからあの1年間は、〝これからの未来をちゃんと生きていくようにする、芽を出すための種を時く〟――そんな1年間にしたかったんです。結果を求めるよりも、まずは自分の経験値を増やすために』

山﨑怜奈が到達した〝自分らしく生きる〟ということ 143

『ある人に「それはアイドルあるあるだね」って言われたことなんですけど、頑張っても頑張っても報われない時、だいたいのメンバーが〝頑張り方がわからないループ〟に陥ってしまうんです。何をやっても上手くいかない。でも自分では頑張ってるつもりだから、その怒りや焦りをどこにぶつけていいかもわからない。そして抜け出すきっかけを掴んだと思っても、結局は同じところを堂々巡りしているだけ。私の場合、そんなことに時間を取られることのほうが無駄な気がしたから、最終的には「〝自分らしく生きる〟ことを心掛けるしかないじゃん？」――って』

若月佑美が連続して二科展にチャレンジする意義 146

『乃木坂46、そして欅坂46は世界観から来る作品性や物語性がグループの特色になってますから、私は芸術面で「お前の作家性が必要だ」――と認めてもらえるような、そんな存在になりたいですね』

〝若様軍団〟を結成した若月佑美の本心 149

『私が〝若様軍団〟を作ったのは、真面目に頑張るメンバーを引っ張り上げたい、真面目を救いたいからなんです。〝さゆりんご軍団〟〝真夏さんリスペクト軍団〟と同じで曲も頂けたし、後は私がこの3人とどんな絵を描いていくか。腕が鳴りますね』

渡辺みり愛が正面から向き合う〝アイドル道〟 152

『よくアイドルに否定的な意見を言う人は、すぐに「青春を犠牲にしている」とか言うじゃないですか? 私は中1で乃木坂46に入って、今年が最後のJKライフ。つまり部活や放課後の青春のすべてを、乃木坂46に捧げて来たんです。もちろんそのことに後悔なんてしてないし、逆に「この道を選んで良かった。アイドル最高!」——って、心から思ってるんですよね』

和田まあやが心配する〝チューリップ〟の問題点 155

『かずみんも番組で言ってたけど、ウチらの集まりはすごくテキトーで、全員がキッチリ揃ってお泊まり会をしたことないんです。だから生ちゃんが体験入会じゃなく新たに入会してくれたのはスゴく嬉しいけど、誰よりも忙しい生ちゃんがお泊まり会に来てくれるのか、それがまず心配ですよね。最初は仮入会で様子見てもいい気もするし。あっ、ちなみに言わなくてもわかっているでしょうけど、日村さんの加入はネタですからね(笑)』

伊藤理々杏が感じた〝今の自分がまずやるべきこと〟 158

『18thシングルの選抜発表でスタジオに呼ばれた話はみんなしてると思うんですけど、とにかくそれまでに経験したことがないぐらい空気が張り詰めていて、1期生の先輩たちまで緊張感が凄かったんです。先輩たちはこれまで、17回もこの場所で戦って来たのかと思うと、そう簡単に「次は私が選抜に入る」とか、「同期には負けたくない」とか、言っちゃいけないことを思い知りました。まずそんなことを考える前に、選抜に相応しい自分になれるように頑張るのが先』

岩本蓮加が果たそうとする〝3期生としての責務〟 161

『この1年で私、集中力がすごく進化したと思うんです。苦手な振り入れも集中したらすごく早く覚えられるようになったし、学校の勉強や宿題も乃木坂の活動と両立させて集中したら、すごくはかどるようになったし。それと集中力を発揮するのは学校やお仕事だけじゃなく、移動車に乗った時にも役に立つって知ってました? 集中して「よし寝よう!」と決めたら、移動車が動き出して3秒後に眠れるようになりました(笑)』

梅澤美波が手に入れた新しい〝武器〟 164

『『見殺し姫』が終わった後、観に来てくれた友だちやスタッフさんに「凄く舞台映えしていた」——って言われたんです。それは単に身長が高いだけかもしれないけど(苦笑)、その言葉を聞いた時、自分が新しい武器を持てたような気がしたんです。3期生では久保ちゃんがSeventeenのモデル、与田ちゃんが写真集とグラビア系のお仕事を始めてますけど、来年はそこに私も加わっていきたい。昔はコンプレックスだった身長を、これからは武器にして』

◢大園桃子がまだ描き切れないでいる〝明確な目標〟 167

『私には芸能界での具体的な目標がないというか見つかってなくて、今は目の前の仕事や課題に精一杯取り組むことしか出来ないんです。だから先輩はもちろん、私以外の3期生メンバーが「将来はこうなりたい」って言うのが、すごく羨ましくて……』

大園桃子が変わらずに持ち続ける〝大らかさ〟 170

『私は鹿児島にいてアーティストさんのこととかほとんど知らない

ので、東京ドームでコンサートをやることの凄さも知らなかったんです。だからみんなに合わせて「ヤッター！」って言ってただけで、きっと本当の価値は本番やリハーサルまでわからないと思うんですよね（笑）』

173 久保史緒里が同期に対して抱いている〝プロ〟としての高い意識

『3期生に山下がいてくれて、本当に良かったな～と思ってます。私と同じ考え方のメンバーがいてくれたから。私は3期生の全員が大好きですけど、それは〝友だち〟としてじゃない。12人が横一列に並んで、手を繋いでゴールテープを切る関係じゃない。お互いに高め合うための同期であって、庇い合う間柄じゃない。山下とは口に出さなくても、それが共通の認識なんです』

177 久保史緒里が気づかされた、3期生が持っていた〝チーム〟としての意識

『桃ちゃんと与田がセンターに選ばれた後、もっと3期生の間がギスギスすると思ったんです。それまではどの現場でも〝同期〟の括りだったのに、センターとアンダー、ピラミッドの頂点と底辺に振り分けられたんですから。でも〝ライバル心を燃やすためには、気まずくなることも必要だったんじゃないかな？〟――って』

180 阪口珠美が心に誓う〝自分がお手本になる〟目標

『乃木坂46を目標に、中学生の時にアイドル活動を1年半ぐらいやってたんです。その頃、2期生さんからずっとオーディションがなくて、私なんかは乃木坂46にはなれなくても、目標は高いところに置きたいじゃないですか？　そうして頑張っていたら3期生のオーディション募集が始まって、絶対に無理だと思いながらも受けました。〝いつか私もあの頃の私にとっての樋口さんのように、アイドルを目指す子の目標になりたいな～〟って。それにはお手本になれるだけの高い意識が必要ですよね』

183 佐藤楓が考える〝3期生の中での自分のポジション〟

『悔しいけど今の3期生は、高校生が引っ張っているのが現実ですよね。桃子、美月、与田、史緒里。ちゃんと1学年ずつ分かれていて、その下には理々杏、蓮加もいる。3期生12人のうち高校生以下が9人だから、彼女たちが中心なのは当たり前かもしれない。でもだからといって、年上組が何もしないと思ったら大間違いですよ！　私も綾乃も美波も、脇役になるためにオーディションを受けたわけじゃないんですから！』

186 中村麗乃が超えようとする〝同級生2人〟の高い壁

『史緒里と珠美、そして私が〝高1トリオ〟なんですけど、2人がすごくデキる人たちだから、本当にもう、2人を目標についてい行くしかないんです。私には自分の強味や役割がよくわからないし、たとえばお芝居だったら史緒里を先生に。アイドルだったら珠美を先生に見習っているんです。私も一応、珠美のようにインディーズでアイドル活動をしていたけど、そもそも珠美とは目標や意識がまったく違っていた。史緒里のお芝居は、言う必要がありませんよね（苦笑）』

189 向井葉月が追いかけたい〝秋元真夏の背中〟

『乃木坂46に入るまでの私は、学校では〝ニコニコ〟ではなく〝ヘラヘラ〟しているキャラで、笑顔を褒めてもらうことなんてまったくなかったんです。でも3期生になれて、同期のメンバーや先輩たちから「葉月の笑顔が好き」――って言ってもらえて、ここでは笑顔の〝キラキラ〟キャラに生まれ変わることが出来た。私をアイドルにしてくれただけじゃなく、もの凄い自信をつけさせてくれて、人生まで変わった。私はそんな乃木坂46のために、これからの命を捧げます』

山下美月が打ち明けた“大園桃子・与田祐希Wセンター”への正直な想い 192
『桃ちゃんと与田がWセンターだった『逃げ水』がテレビ初お披露目だった時、久保ちゃんと話して「一緒に見ようね」って、私のウチで見たんです。最初はワクワクして待ってたんですけど、いざ始まったら2人とも涙が止まらなくて。感情が溢れるっていうのは、ああいうことなんですね』

山下美月が意識する、自らの“弱点” 195
『自分にはないものを持っているメンバー。たとえば天性のアイドル性を持っているメンバーにその分野で勝てないなら、別の場所で努力するしかない。それが私のやり方で、将来勝ち残っていくための手段です』

吉田綾乃クリスティーが引き継ぐべき“乃木坂の流儀” 198
『3期生全員が緊張で逃げ出したくなっていた18thシングルの選抜発表で、真夏さんがコケたのを見て声を出しそうになるぐらい驚きました。それまでも真夏さんの“コケ芸”はテレビで見ていて、でも普通の人というか普通の神経では、絶対にあの空気の中じゃコケられないじゃないですか？　それをやり切って、その瞬間にスタジオの空気がフッと和んだ。後で「芸じゃなくガチ」――って笑っていた姿も、本当に可愛かったですね』

与田祐希が掴んだ“ネガティブな自分”から脱却するきっかけ 201
『基本、私は血筋というか、根っからのネガティブで、1回そのスイッチが入ると、とことん落ちるところまで止まらないんです。でもこの活動を通して、ふとそれがバカらしくなったんですよ。だって毎日、ポジティブの何倍もネガティブがやって来るんですから（笑）』

与田祐希をセンターのプレッシャーから救ってくれた齋藤飛鳥の“心遣い” 204
『Wセンターに選ばれてガラッと環境が変わった時、それまでテレビで見ていた先輩たちといつも一緒にいる自分が不思議で、喜びや楽しさよりも不安しかありませんでした。何を頑張っていいかも、まったくわからなかったし……。そんな時、飛鳥さんが頭にチョップしてくれるのが、本当に嬉しかったんです』

207 素顔のコトバ　～全メンバー・フレーズ集～

232 エピローグ

乃木坂46

素顔のコトバ

フレーズ＆エピソード

Phrase & Episodes

秋元真夏が決して諦めない〝センター〟への強い決意

『ぶっちゃけセンターに立つ野望を捨ててはいませんからね。2017年がダメなら2018年、2018年がダメなら2019年。乃木坂46にいる限り、それを諦めちゃいけないんです』

自分が福神として復帰したことで、様々な波乱や軋轢を招いた秋元真夏。しばらくは泣いてばかりの日々が続いたが、今思えばそれも、乃木坂46の絆を強くするために必要だった試練。

「真夏の口から『センターを諦めていない』――と聞かされた時は、〝それでこそ秋元真夏!〟と嬉しくなりました。やっぱり真夏はそうでないと、あの頃に流した涙が無駄になりますから」

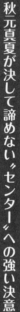

『乃木坂って、どこ?』以来、ずっと番組に関わっている制作スタッフ氏は、スタジオ前室で秋元真夏から聞かされた言葉に、鳥肌が立つほど嬉しかったと明かす。

「少なくとも2012年から乃木坂46を知っているスタッフは、唯一の〝乃木坂崩壊の危機〟が、4thシングルから6thシングルまでの間だったことを経験しています。その震源地は真夏だし、特別な思いで頑張って来た彼女には、一度はセンターを取ってもらいたいと思っているスタッフが多い。だからそのためにも、肝心なのは本人が〝その気〟になってくれることなんです」

秋元を〝福神に入れるため?〟に七福神から八福神に増えたはずなのに、西野七瀬は福神落ち。そして選抜16人からは、中田花奈が選抜落ち――。

『もう辞める!』

――と泣きわめく2人の声は、まるで崩壊の序曲に聞こえたという。

「まだ全然、AKB48の足元にも及ばない〝公式ライバル〟でしたから、もし西野や中田が本当に辞めていたら、責任を感じた真夏も辞めかねない。そうなればグループとしても、何らかの結論を出さねば収まりません。あそこを乗り越えたからこそ、乃木坂は強くなれたんです」

実はその当時、西野や中田よりも涙を流していたのは秋元だった。

「真夏は、『復帰するために頑張って来たのに、ここでまた辞めるわけにはいかない』――と、必死に歯を食いしばっていました。あれから5年経って、ようやく良い思い出話に転化することが出来たんじゃないでしょうか。だからきっと、真夏は〝言えた〟んですよ」

それは〝センター奪取宣言〟のこと――。

『最終オーディションの後の合格発表で暫定フロントメンバーのポジションにいて、その時は〝このままこの場所でデビュー出来るのかな～〟って、ぼんやり考えたりしていたんですよ（笑）。結局、私がメンバーに合流したのはそれから1年ちょっと後で、いきなり4thシングルの八福神に選んでもらえましたけど、ぶっちゃけセンターに立つ野望を捨ててはいませんからね。2017年がダメなら2018年、2018年がダメなら2019年。乃木坂46にいる限り、それを諦めちゃいけないんです』

――力強く語った秋元。

様々な波乱や軋轢を招いた復帰から5年。

辛く苦しい試練の日々を乗り越えた彼女は今、〝センター〟への強い決意を表明する。

いずれ秋元真夏がセンターに立つ日が、きっとやって来るに違いない。

『乃木坂46にいる限り、それを諦めちゃいけないんです』

彼女にその強い意思がある限り――。

秋元真夏が感じている、自らのリアクションに対する〝ギャップ〟

『よく外の番組に呼んでもらえるようになって、それは〝秋元真夏〟個人として懸命に頑張らなきゃいけないんですけど、逆に乃木に戻って来た時、テンションの使い分けやリアクションに苦労するんですよ。
外のテンションだと乃木では浮きまくって、私、超出たがりに見えてませんか？』

～現在、メンバー個々の〝外仕事〟が充実している乃木坂46だが、生駒里奈、高山一実と並んでバラエティ番組に呼ばれている秋元真夏。外で結果を残すために頑張りすぎる癖が、乃木坂46に戻ると浮きまくる原因に～

スタジオ収録で、ほぼ〝前列のMC席寄り〟に座らされる秋元真夏は、演出サイド、MC（バナナマン）サイドから〝わかりやすいリアクション〟を求められるポジションだ。それは当然、本人にも知らされている。

『確かに私が前列の下手（※画面右側）に座る時は、よほどのことがない限り〝真夏、いいコメントやリアクション頼むぞ！〟と、何も言われなくても求められている席。かずみんは上手（※画面左側）の遠いところからリアクションをブッ込む役割で、私はバナナマンさんの近くで細かいコメントを拾う役割。ウチらの席をヒナ壇芸人さんと重ねてもらえたら、わかりやすいと思います（笑）』

その重要なポジションにいるからこそ、秋元は――

『常にモニターを意識しないとしんどい』

――と明かす。

『誰と並ぶかにもよるんですけど、たとえば飛鳥と並んで座っている時とか、自分のリアクションがドン引きするぐらい大きくて、誰が見ても〝ワザとらし～〟って思われちゃうんです。それは私はもちろん、振ってくださったバナナマンさんのボケも殺しちゃう』

その原因は本人にもわかっていて、外仕事から帰って来た時のギャップ。どの現場でも懸命に頑張る秋元だからこその〝職業病〟だろう。

しかしだからといって、縮こまって大人しい秋元真夏なんて見たくはない!

それがファンや視聴者の総意だと思うのだが——。

秋元自身が感じている、自らのリアクションに対する〝ギャップ〟を解消できた時、彼女はタレントとして、また一つ大きく成長することが出来るのだろう。

生田絵梨花を変えた〝松井玲奈の教え〟

『2014年に（松井）玲奈さんが交換留学生で来て、その時に
〝やりたいことは口にしたほうがいい〟ことを学ばせてもらった。
私たちにとっては初めての先輩で、玲奈さんの経験から来る言葉は
本当に重い。
私が変われたのはそれからです』

2014年から2015年にかけて、乃木坂46にやって来た交換留学生の松井玲奈。当時、主にネガティブな反応が渦巻いたものの、生田絵梨花だけは〝初めての先輩〟の教えで、自ら人生を掴みに動く。

「生駒がAKBに行くこと、玲奈がSKEから来ることに対して、反発がなかったと言えば嘘になります。そもそも何で、公式ライバルとの間で兼任しなければならないのか？　しかも玲奈は48グループの

超選抜の一人ではあっても、所詮は姉妹グループの所属。要するにキャリアや実績はともかく、乃木坂側から見ればバランスが取れないのですから」

様々な反応、それも大半がネガティブな意見が飛び交ったものの、結果的には「松井玲奈の兼任は間違いなく結果を残してくれた」と力説するのは、日本テレビ系『NOGIBINGO!』シリーズ制作スタッフ氏。

実は彼は、『AKBINGO!』はもちろんのことSKE48の番組も担当していたので、松井の性格もよく知っていた。

「玲奈は周囲がよく見える子なので、自分が乃木坂のメンバーからどう受け止められているか、状況はすべて理解していたでしょう。しかしその上で、交換留学生に選ばれた者の責任として、自分が得たものを必死にメンバーに伝えるだろうとも思っていました。冷静に考えれば、乃木坂のメンバーにとってこんなオイシいことはないわけです」

案の定、最も芸能人として〝向上心が強い〟メンバーが食い付く。

それは誰あろう、生田絵梨花だった――。

『〝ポジション〟って聞くとまずシングル曲が思い浮かぶと思うんですけど、それ以外でも自分のやりたいことをやれているか、そのポジションもとても大事なんです。一人一人が自分の目標、やりたいことを口にして、その道で充実していけるように。2014年に（松井）玲奈さんが交換留学生で来て、その時に〝やりたいことは口にしたほうがいい〟ことを学ばせてもらった。私たちにとっては初めての先輩で、玲奈さんの経験から来る言葉は本当に重い。私が変われたのはそれからです』

――当時を振り返ってそう語った生田。

生田は――

『口に出すことでやりたいことが明確になれば、それを達成するまでの道筋が見えて来るんです！』

――と、松井玲奈から学んだことを最大限、自分に活かそうと心掛ける。

それこそが後に、〝ミュージカル女優・生田絵梨花〟を生んでくれたのだ。

「明確に〝ミュージカル女優になりたい〟ことを告げ、そのためには積極的にオーディションを受けなければならないことを、生田は運営に認めさせた。つまりあの時、玲奈が交換留学生で乃木坂46にやって来なければ、生田が『ロミオ&ジュリエット』『レ・ミゼラブル』で喝采を浴びることもなかったのです」

やりたいことを口にすることは、グループアイドルであるがゆえに難しい。しかし一旦口にすることが出来れば、今度はグループアイドルだからこそ、仲間のメンバーたちがフォローしてくれる。

次は生田が後輩たちに、〝松井玲奈の教え〟を説く番ではないだろうか。

〝外に飛び出すことは、決して怖くなどない〟ことを——。

〝決して歩みを止めることをしない〟生田絵梨花のポリシー

『前に進めば進むほど、自信がなくなっていく。
グループの外に出たら、私なんてとても敵わない人がいっぱいいる。
でも、それで〝自分はまだまだ〟と思えてることが成長に繫がる』

～最も憎むべき〝敵〟は「驕って歩みが止まること」だと語る生田絵梨花。
他のメンバーが誰も真似出来ない道を歩み、着実に結果を残している
彼女のポリシーだけに重いセリフ～

今や若手ミュージカル女優の新星として、演劇界でも広く認知されている生田絵梨花。

『ロミオ&ジュリエット』『レ・ミゼラブル』に続き、２０１８年には『モーツァルト！』への出演が決まり、

「バラエティ番組をはじめ、テレビによく出演するミュージカル女優としては、すでに新妻聖子を超える知名度」（演劇関係者）

――とまで言われている。

『それは私が乃木坂46のメンバーだからであって、もし私が普通にミュージカル女優として3～4年ぐらいのキャリアしかなかったら、全然取り上げてもらえるほどの存在じゃない』

これは謙遜でも何でもなく、ミュージカル女優として「生きていきたい」と願う生田にすれば、ごく当たり前のリアクションなのだ。

『私は歌うことが好きだし、声楽も勉強して来てはいるけど、やっぱり専門的に勉強して来られた先輩たちと比べたら、足元にも及ばないのが現実的な実力。憧れの帝国劇場のステージに立って、憧れの『レ・ミゼラブル』に出演することが出来て、毎日のようにそれを思い知らされましたから。でもね、壁は高ければ高いほど、乗り越え甲斐があるんですよ（笑）』

これぞ誰よりも前向きで、誰よりも向上心に溢れる生田ならではの発言。

そう、彼女は自分の実力を冷静に分析し、もっともっと実力をつけるためには何をどうすれば良いのか、それを判断することが出来る人間なのだ。

『人間は足があればどこまでも歩いていける。疲れたからといって歩みを止めたらそこで終わり。そして私は〝終わりたくない〟から、ずっと歩いていける方法を考える。自分の尺度で満足とか、絶対にしたくないから』

彼女ならばどこまでも、その足で歩き続けることだろう――。

生駒里奈が常に戦い続ける〝大人たちの世界〟

『大人たちの世界で正義を貫くのは難しい。でも貫かない自分は嫌。そこで覚えたのが、私の中で正しい考え方は一つでも、「やり方は何種類もあるじゃん」――ってことなんです。それまでは何でもかんでも真正面からぶつかって、弾き飛ばされても「自分が傷つくだけだからいいや」って思っていたけど、ぶつかる角度や場所を調整し始めたら、ビックリするぐらい意見が通るようになったんです。大人の世界で戦うには、自分も大人にならなきゃダメだったんですね』

～いついかなる時も正義の人で、メンバーのためなら運営サイド、番組の制作サイドと正面からやり合う生駒里奈。そのせいで本人はボロボロになるほど疲れるが、それをいとわないのが生駒のメンバー愛～

1期生加入時の暫定センターではなかったが、CDデビュー前の明治製菓CM選抜のセンターから〝矢面〟に立たされて来た生駒里奈は、これまでのシングル19曲で、西野七瀬と並ぶ6曲でセンターを務めた〝乃木坂46の顔〟の一人。

特に初期のデビュー曲からの〝5連続センター〟は、おそらく今後、生駒にしか与えられなかった栄誉になるだろう。

『誰に何を言われても私はデビューからの丸々1年間はセンターを張っていたし、その責任はやっぱり重いと思う。それは戦隊ヒーロー物と同じで、センターは他のメンバーを守る義務があるから。みんなが困った時、大人と直接交渉するのは私の役目。それはセンターじゃなくなっても、私がやるべきことだと思う』

この真っ直ぐで真っ正直な性格のお陰で、生駒は背負わなくても良い重荷を背負い続けて来た。時には心が押し潰されそうになっても、彼女はそれをやめなかった。

『ガチに何度も病みましたよ（苦笑）。ハッキリ言って大人にはそう簡単には勝てませんから。でも自然に、正面からぶつかりながらも〝勝てる方法〟を考えるようになっていったんです。私だって成長するんですから』

大人には大人の理屈や立場があり、そう簡単に子供の意見を受け入れてはくれない。

だったらどうすれば受け入れてくれるのか?

生駒は徹底的にその方法を探した。

『言っちゃうとバレちゃうから言えないけど、要するに〝仕方ないな〜〟とか言いながらも動いてくれる〝口実〟を、こっちが作ってあげればいいんです。コツさえ掴めば意外と簡単で、こっちの心が折れることはありませんよ』

そうして生駒はメンバーを守り、乃木坂46をここまで引っ張って来たのだ。

これからも生駒里奈は自らの責任として、〝大人たちと戦う〟ことをやめない——。

伊藤かりんは乃木坂46の〝生徒会長〟

『今年になって、さゆりんご軍団の大臣から大統領に出世したんですよ。大統領って明らかに一番偉く感じますけど、ウチはどこまで行っても軍団長がNo.1。だって私が入ってから本格的に軍団が動いたとか言われてますけど、裏でしっかりと糸を引いているのは軍団長ですからね。まっちゅんは自己演出は下手だけど、人をプロデュースするのはめちゃめちゃ上手い。軍団で動画を上げた『さゆりんごマジョリティー』なんて、まさに〝神動画〟でしたから！』

～さゆりんご軍団にスイカ、さらには将棋フォーラムまで（?）押さえることで、実は乃木坂46で一番の実力者と言われる伊藤かりん。確かにその両チームでも、その日の行動を仕切るのは伊藤の役割。まさに実力者に相応しい～

伊藤かりんのコミュニケーション能力が〝怪物クラス〟なのは誰もが認めるところだが、1期生の懐にサクサクと入っていけたのは、やはり彼女が1期生オーディションの2次審査で落選したことも無関係ではない。

『2次審査はまいやんの隣で顔見知りになれたし、1期生のお見立て会から現場に通ってましたからね。それにオーディションマニアと言ってもいいほどオーディションを受けていて、初対面の相手でもズケズケいける度胸も身についていますから』

こう軽く話す伊藤だが、昨今のアイドルにありがちな〝人見知り〟の弱点を持っていないことだけでも、大きなアドバンテージになったようだ。

『軍団に入るにも手を挙げて意思を示さなければならないわけで、人見知りだからってモゴモゴしていたら置いていかれる。逆に七瀬みたいな人見知りをこっちに引き込むのも、私やゆったんみたいなグイグイ派の役目』

そうしていつの間にか、さゆりんご軍団もスイカも、若干面倒なまとめ役が伊藤の役割に。

しかし見方を変えると、自然と自分が指名される流れを作った感も。

『その辺りは否定も肯定もしませんが、何よりも私がそういう作業や行動を〝苦にしない〟ことを考慮に入れて判断してください(笑)』

〝頭〟には立たなくても、今後さらなるチームや軍団に加入し、事実上の支配域を広げていきそうな伊藤かりん。

いっそのこと公式な〝生徒会長〟にでも選出し、アイドル史に名前を残させてみてはいかが？

伊藤純奈が目指す〝橋本奈々未の後継者〟

『2年ぐらい前、橋本奈々未さんに「ファンの人に褒めてもらったら、その部分を長所にすることを考えればいいんじゃない？」――って、アドバイスしてもらったことがあったんです。

その時は橋本さんに「自分のセールスポイントがわからない」と相談したんですけど、「私もだよ」と返って来たのにはビックリしました。

そして「ファンの人に褒めてもらいいな」――って言われたんです。

もうすぐ10代最後の年令になるから、本格的にそのアドバイスを実行して、キチンと10代を締め括ろうかと思います』

～2017年2月に卒業した橋本奈々未に憧れ、14才で2期生入りを果たした伊藤純奈。当時から大人びたルックスの持ち主だったが、間もなく迎える10代最後の誕生日を機に、悔いのない活動を送ろうと誓う～

テレビに映る乃木坂46のメンバーの中に、茶髪でショートカットが一際目立つメンバーを発見して以来、伊藤純奈は橋本奈々未と乃木坂46のファンになった。

『橋本さんが卒業したのはすごく悲しかったですけど、最後に〝頼んだよ〟と声をかけられた意味をしっかりと受け止めなきゃ、私が乃木坂46に入った意味もなくなっちゃうと思ってます』

そんな伊藤は橋本に憧れていたからこそ、逆に多くを相談することが出来なかったという。

『いちいちお手を煩わせちゃいけない的な……そんな感じです』

それでも数年前のある日、自分には胸を張って誇れる「売りがない」と悩んでいた時、経験に基づいたアドバイスを贈ってもらった。

『橋本さんも初期の頃、自分の長所がまったく見えない時期があったそうです。そんな時、握手会でファンの人から〝この前のリアクション、良かったよ〟って言われて、それがまったく想像もしてなかったセリフだったから、「自分の魅力はファン目線と自分目線では全然違うことに気がついた」――と話してくれたんです。そして私に「ファンの声を聞きなさい」――って』

さすが橋本奈々未、ダテに〝ご三家〟と呼ばれる中心メンバーだったわけじゃない。

ところが……

『素直にファンの方の声を聞いてみたら、今度はいろいろと言われすぎて混乱して（笑）。でも私、改めて頑張りますよ！ 残り少ない10代で、〝橋本さんの後継者〟と認めてもらえるように』

ほんの少しのきっかけを掴めば、伊藤純奈は誰もが驚くほどの変貌を遂げるだろう。

美しいアゲハ蝶のように――。

井上小百合が改めて問い掛ける〝自分たちの実力と器量〟

『乃木坂46が東京ドームでコンサートをするって考える前に、私、井上小百合が東京ドームのステージに立つことを考えると、明らかに自分の身の丈には合わないじゃないですか（苦笑）。

それは私が乃木坂46にいるから出来る、やらせてもらえること。

東京ドームはこれまでのステージの中で最高に大きい場所だから象徴的ですけど、実はそれ以外のほとんどの仕事も、乃木坂46にいるからこそ声をかけてもらえるものばかり。

私たちはそこをはき違えて、その気になってはいけないんです』

〜乃木坂46に入る前は、日テレジェニックとしての活動も行っていた井上小百合。1期生の苦労人の一人だけに、仕事をもらえることの有り難み、価値をよく知るメンバーだ〜

井上小百合の言うことは正論だが、やや控え目というか、慎重すぎる印象を受ける。

だが本人は至って大真面目に意見しており、生駒里奈とはまた別のポジションで、常にメンバーのためになること、メンバーがしなくてはならないことを考えているメンバーだ。

『外で仕事をさせて頂くと、もちろん私以外のメンバーを含めて、乃木坂46を好きになってくださるスタッフさんが多いんです。ハッキリと「一度仕事をするとみんな乃木坂を好きになるよ」――って言葉にしてくれる方もいれば、すごく気を遣ってくれて、態度で表してくれる方もいる。そうやって味方を増やしながら進むのが乃木坂っぽい部分ではあるんですけど、実はそれってすごく危険なサインでもあるんです』

本書の他のエピソードでも触れているが、とかく人間という生き物は、チヤホヤされればされるほど、正比例するかのように〝鼻が高く〟なりがちだ。

井上に言わせれば〝反比例しなきゃいけない〟のだが、いつもいつも己を律し、厳しく生きていくのも難しいだろう。

『だから私は、改めて自分の実力や器量を見極めなきゃダメだと思うんです。いつも〝この仕事は私が乃木坂46じゃなくてももらえた仕事だろうか？〟……って、自問自答すること。その答えがイエスなら、自分の好きにすればいい。でもノーなら、まだまだ自分はその程度だと自覚して臨まな

きゃならないんです』

やはり井上小百合は、いかにも己に厳しい。

だがこれだけは覚えておいて欲しい。

彼女は同時に――

『だからもっともっと頑張って、実力をつけたい』

――ポジティブな自分を持っていることを。

握手会の女王・衛藤美彩を〝本気〟に変えたファンとの関係性

『一時期、〝どうやったって私のすべてをわかってもらうのは無理だし、それなら握手会で自分をさらけ出すのはやめよう〟……って考えたことがあったんです。

結局わかってもらえないなら、〝自分が損するだけじゃない！〟って。

でもそこで私よりもファンの皆さんのほうが先に気づいてくれて、ずっと「この関係性を保っていたい」と思わせてくれたんです』

この先、乃木坂46と自分がどうなろうとも、ファンとの関係性、距離感が「変わることはない」と語る衛藤美彩。だからこそ彼女は〝握手会の女王〟なのだ。

「ある雑誌のインタビューの合間、彼女に〝握手会の女王と呼ばれることは辛くないですか？〟――と尋ねたんです。ちょうどその頃、他のアイドルの子から、〝本音はやっぱり（握手会は）しんどい〟と聞かされて、実際に何人かのアイドルがリタイアを繰り返していたので。乃木坂では握手会の頂点に立つ一人に、本音を聞いてみたかったんですよ」

いくつもの雑誌でインタビュー記事を得意とするライター氏は、現在、アイドル界の頂点に立つ乃木坂46の、そのまた握手会の頂点に立つ衛藤美彩こそが、

「まさにアイドル界のクイーン・オブ・クイーン」

――と興奮気味に語った。

「衛藤さんのインタビューはアイドル誌ではない、一般のファッション誌で行いました。ご承知の通り彼女は白石麻衣さんと並ぶ、乃木坂46の〝美の象徴〟。すでにその知名度はアイドルの範疇を越えてはいますが、個人的には〝アイドル・衛藤美彩〟のエッセンスも加えたかった。そのためにはファンにとっての象徴、握手会の女王の側面を知りたかったんです」

ライター氏のストレートな質問に面食らったかのような表情を見せた衛藤だったが、すぐにニッコリと笑い――

『辛くなんかありませんよ。逆に握手会がなかったら、私とファンの皆さんとの関係が壊れてしまう』

――とキッパリと否定した後、

『ただし過去に迷った時期はありました』

――と前置きをして、こう独白したという。

『一時期、〝どうやったって私のすべてをわかってもらうのは無理だし、それなら握手会で自分をさらけ出すのはやめよう〟……って考えたことがあったんです。結局わかってもらえないなら、〝自分が損するだけじゃない！〟って。その時は仕事が上手くいってなかったこともあって、今思えば「何考えてたんだよ！」――ってなりますよね（苦笑）。でもそこで私よりもファンの皆さんのほうが先に気づいてくれて、ずっと「この関係性を保っていたい」と思わせてくれたんです。表面上の話じゃなく、私の握手が変わったのはその頃かな』

このセリフに「衛藤さんの握手会に行きたくなった」と、笑いながらライター氏がまとめる。

「おそらく彼女は自分の強さも弱さも、そして悩みさえもさらけ出さなければ、ファンの思いを受け止められないことを学んだのでしょう。〝本気の握手会とは、そこまで厳しいものなのだ〟――と、女王にピシャリとやられた気分でした（苦笑）」

これだけは言える。

衛藤美彩にせよ秋元真夏にせよ、握手会のトップを張るメンバーたちは、常に〝本気〟だということが――。

衛藤美彩が〝みさ先輩〟のアダ名に感じていた違和感

『〝みさ先輩〟っていうアダ名が年下メンバーや2期生たちとの距離を縮めてくれたのは確かですけど、私自身、そのアダ名には悩んだ時期があって、わざわざ〝先輩〟って呼ばれるほど、「そんなに高圧的で威圧的な人間に見えるのかな~」って。だって〝先輩〟って、そういうイメージがあるじゃないですか（笑）？』

~今ではもちろん「〝みさ先輩〟と呼ばれるようになって良かった」と語る衛藤美彩だが、自分の学生時代を振り返り、〝先輩〟という言葉が持つイメージを嫌っていた時期も~

それは良い意味でも悪い意味でも、衛藤美彩の原体験に〝恐い先輩〟が存在するということだろう。

『まったく否定する隙もないんだけど（笑）、中学や高校の時、そして地元を中心にロコドル活動をしていた時も、年令が上っていうだけで偉そうにする先輩はたくさんいましたよ。まあでも、そんなの誰にだっていたと思いますけどね』

芸能界は基本、1日でも早くこの世界に入った者が先輩だ。年令ではなくキャリアが優先される社会で、それは何年、何十年経とうが変わりはない。

しかし食事に行った際など、「先輩がご馳走するのが当たり前」という暗黙のルールがあり、後輩はそれなりに〝オイシい〟思いも出来る。

『それはそうですけど、だからといって〝オゴってやるから先輩の言うことを聞け〟っていうのも、ちょっと違う気がして。だから私は最低限のマナーさえ守っていれば、先輩と後輩の垣根は取り払ってもいいと思ってるんです』

衛藤の言う〝垣根〟は、むしろ〝みさ先輩〟という呼び方で強調されているように感じたらしい。

『〝みさん〟ではなく、あえて〝みさ先輩〟と呼ばせている……って周囲に受け取られたくなかったんです。みんな〝みさ先輩〟のほうが、親しみがあって呼びやすいと言ってくれるんですけどね。

考えてみればそういうのって、呼ばれるほうよりも〝呼ぶほう〟が納得してくれれば、それでいいのかな～って』

今は――

『大好きなアダ名』

――だと笑う衛藤。

〝みさ先輩〟は、後輩との垣根を作るどころか、後輩と距離を縮めてくれる〝親しみを込めた呼び方〟なのだ。

川後陽菜の〝人間観察〟のための街歩き

『時間が空いている時は、出来るだけ街に溶け込むようにしてます。カメラを持って、目についた光景を撮るんです。どんな場所でもまったく同じ景色は二度と撮ることが出来ないから、その一瞬一瞬が大切なんですよ。

そうしてファインダー越しに往来する人たちを眺めることで〝人間観察〟の感性も養うことが出来るから』

～川後陽菜には「何を言っても見透かされる感覚」――と、恐れおののく(?)メンバーもいるが、それは日々の訓練の成果？　感心させられるのは人間観察の感性だけではなく、どんな場所でも違和感なく気配を消せることかも～

たとえアンダーメンバーだとしても、今をときめく乃木坂46のメンバーが渋谷や新宿、青山、銀座などの繁華街に姿を現せば、発覚して声をかけられるリスクは高い。

しかも川後はギャル雑誌『Popteen』でモデルを務め、10代女子にとってはファッションのカリスマ。そんな彼女が見つからないほうが〝どうかしている〟のだ。

『大きなマスクとキャップを被ったりとか、逆に〝いかにも〟のほうがすぐにバレますよ(笑)。乃木坂の私のイメージと結びつかないようなメイク、髪型をすれば全然平気』

もちろん見つかることもあるが、そんな時はすぐにカメラを構えてファインダーを覗けば――

『ほとんどの人が一瞬躊躇して動きが止まるから、その隙にスッと立ち去る』

――らしい。

なるほど、これも人間の行動生理学に基づいたかのような、人間観察に長けた経験則ということか。

『声をかけて来ようとする人たちのほうが、明らかにわかりやすいんです。そしてその瞬間、出鼻を挫くと尻込みする。確かにこれまでの人間観察が教えてくれた、私なりの回避法ですね』

しかしお断りしておくが、何も川後は「声をかけて欲しくない」と思っているわけではない。

『むしろ〝誰か声をかけてよ！〟――ともどかしい時もあります（笑）。要はタイミングで、上手い人はめちゃめちゃ自然に声をかけてくれて、気づいたら立ち話をしていたこともありますもん』

それはなかなかの強者だが、川後に限らず、大半のメンバーは「プライベートはソッとしておいて欲しい」と願うもの。

『本音を言うと、断るのが怖いんです。上手く断らないとトラブルに発展することもあるし、ネットにあることないこと書かれますからね（苦笑）』

これからも、カメラを携えた川後陽菜の〝人間観察〟のための〝ぶらり街歩き〟は、まだまだ続きそうだ――。

川村真洋が今も大切に想う〝3人のセイラ〟

『私を支えてくれた〝トリプル・セイラ〟とはずっと関係が続いているんですけど、大人の中には卒業生と頻繁に会うことをあまり快く思わない人もいて、たまに注意というか、〝どこに遊びに行ってどんな話をしたのか〟とか、結構ガッツリと聞かれたりしますね。

でも現役のメンバーは厳密に言えば〝友だち〟ではないし、「卒業したからこそ友だちづき合いが出来るんじゃないの?」――って私は思うんです。

まあ、大人に〝気にかけてもらえてる〟と思えば、そんなに苦じゃないけど(笑)』

～あるいは〝文春砲〟の影響がまだ残っているのか、何かと行動を注視されているらしい川村真洋。それでも〝大切な友だち〟と会うことをやめないあたり、いかにも彼女らしさが出ていると思うのだが～

自ら〝兄弟〟と呼ぶ永島聖羅、ずっと親友づき合いが続いている宮澤成良（現・宮沢セイラ）、そして胸の内を吐露し合ったという意味では、心友とでも呼べる畠中清羅。

卒業した1期生のこの3人こそ、プロのソロ歌手を目指して大阪から上京した川村真洋の〝トリプル・セイラ〟だ。

『今さらこんな話をするのも超ズレてるかもしれないけど、私にとっては38,934人の参加者の中から合格した36人の中にこの3人のセイラがいてくれたことは、生まれて初めて感じた奇跡だったんです』

確かにあまり一般的な名前ではない〝セイラ〟が3人もいて、その3人ともが違う漢字で〝セイラ〟と読ませるのだから、川村が奇跡だと感じるのも無理はない。

『聖羅とは1ヶ月間同居して、成良とは初めて会った時からめちゃめちゃ気が合って、清羅とはお互いに相手の悩みを受け入れて――。今、残ってるのは私一人だけど、3人がいなかったら私もとっくにいなかった気がする』

もし〝3人のセイラ〟がいなかったら川村自身もとっくに卒業していたというほど、卒業生の3人は川村にとって今でも大切な存在なのだ。

『あと久しぶりに会いたいのは、実は玲奈さん（松井玲奈）なんですよ。外から見てる人たちはどう感じているか知らないけど、少なくとも私や生駒ちゃん、生ちゃんが玲奈さんから受けた影響は本当に大きかった』

生田絵梨花でも触れたが、川村も同様に、交換留学生としてＳＫＥ48と兼任していた松井玲奈から受けた影響が大きかったようだ。

『それに何で私が〝電車に例えれば都営浅草線〟……なのか、今だから理由が聞けるかも』

鉄ヲタの中でも〝顔鉄〟の松井玲奈に――

『パッと見たイメージで〝都営浅草線〟』

――と例えられた川村真洋。

確かに〝その理由〟を知りたいのは、川村だけではないかも……？

北野日奈子が素直にアピールし始めた〝自分の願望〟


『今の自分は相変わらずダンスは下手くそだし、歌は音痴で恥ずかしいぐらいだけど、それをちゃんと克服する前に、やりたいことばっかり増えて困ってるんです。本当はパフォーマンスを上げて、歌もダンスも自信を持てるようにならなきゃいけないのに。

私、自分がこんなに欲張りだなんて思ってもいなかった。

でも声を上げて、いろんなことに挑戦しようとするのも、乃木坂46らしいと思うんです』

～舞台『あさひなぐ』では齋藤飛鳥が演じた主人公（東島旭）から見てライバル校の薙刀部員・的林つぐみを演じ、堀未央奈が演じた薙刀の天才に翻弄される難しい役に挑戦した北野日奈子。彼女がこれからチャレンジしてみたい仕事とは？

現在、2期生では堀未央奈と2人だけがファッション誌（Ｚｉｐｐｅｒ）の専属モデルを務める北野日奈子だが、一部から〝永遠のＮｏ．２〟とあまり有り難くない言われ方をされてはいるものの、実際、他の2期生から見れば圧倒的に恵まれているのも事実。

仮に〝永遠のＮｏ．２〟と呼ばれる代わりに仕事がもらえるなら、おそらく堀と北野を除く2期生全員が立候補するだろう。例えて言えば、それほどの立場にいるというわけだ。

『それは私もわかっていますし、決して選抜にしょっちゅう選ばれるわけではないけど、冷静に自分の実力を分析すれば、間違いなくそれ以上の仕事には恵まれていると思います』

アンダーライブで揉まれ、実際に彼女のパフォーマンスが他のメンバーに比べて明らかに劣ることもないのだが、本人の理想が高い分、冒頭のように「相変わらずダンスは下手くそだし、歌は音痴で恥ずかしい」と戒めているのだろう。

『『あさひなぐ』に出演してみて、私も次は外の作品に出演してみたいと思ったし、無理だとはわかっていても映画版にも出演したかった。民放の連ドラ、それも番宣で朝から夕方まで生放送に出るぐらいの役をやってみたい。未央奈がアメリカで写真集を撮って来たのなら、私はまだ誰も写真集で行っていないアフリカ大陸で撮影したい――次から次にやりたいことが浮かんで、収拾がつかないのが今の私です（笑）』

しかも『あさひなぐ』映画版の話以外は、いずれも単独で自分の可能性を広げる仕事ばかり。

『そうなんです。これまではひたすら2期生のことを考えて来たけど、神宮の期別セットリストで一つの形が出来たから、自分の願望に正直に声を上げてみたくて。そう考えたら、ほとんどが〝ピン〟の仕事でした』

北野日奈子を含め2期生も、2018年の春には乃木坂46に加入して5周年を迎える。

そろそろ、自我をアピールして外の仕事に繋げてもいい頃だ――。

齋藤飛鳥が花開かせる〝役者〟としての高い資質

『お芝居そのものは、出来るだけ早い時期にやりたかった仕事でもあったんです。去年ぐらいから自分の中でジワジワと大きくなって、もしかしたら〝これかもしれない〟っていう、演じる楽しさを感じてもいたので。それは今回、舞台で掴むことが出来ました』

乃木坂46にとって2017年の新プロジェクトが、同作品を舞台と映画で展開する『あさひなぐ』プロジェクト。先行した舞台の主役に抜擢された齋藤飛鳥は、この作品でまた新たな〝芝居のコツ〟を掴む。

「ファンの立場から見れば、飛鳥が舞台、あるいは映画のどちらかで主役を演じるのは順当だったと思いますよ。原作の主人公とは性格的には真反対かもしれませんが、ルックスのイメージは年齢的にも

飛鳥はピッタリでしたね」

２０１７年に乃木坂46が挑戦した新たなプロジェクト『あさひなぐ』。
青年漫画週刊誌に連載中の人気作を舞台と映画の両方で実写化するプロジェクトは、芝居の出来るメンバーを双方に振り分けられる、乃木坂46ならではのプロジェクトだ。

「飛鳥は去年、みなみと共にスペシャルドラマ（『少女のみる夢』）に主演したことがきっかけで、『お芝居をする楽しさ、役を演じる楽しさを知った』と話していて、『これからもドラマや映画に挑戦したい』――と話していたんです。ただし、そこに〝舞台〟の単語はなかったんですけどね」

話してくれているのは、テレビ東京系『乃木坂工事中』制作スタッフ氏。

「正直、『16人のプリンシパル』と『じょしらく』は、飛鳥に舞台に対する〝苦手意識〟を植えつけたようです。さらに今回は〝薙刀〟をキッチリと見せなくてはならないので、芝居云々よりも、そちらのほうがより一層大変だった。でも逆にそのお陰で、舞台で演じる苦手意識が薄らいだのではないでしょうか」

薙刀を〝それらしく〟見せることに集中し、ある意味、舞台に立って演じることのほうは気が楽になったのかもしれない。

『自分の中で主役、それも舞台に立ってお芝居をすることは考えてもみなかったし、しかも薙刀にも挑戦しなきゃいけないなんて、本当に「聞いてないよ〜！」の気分でした（笑）。ただお芝居そのものは、出来るだけ早い時期にやりたかった仕事でもあったんです。去年ぐらいから自分の中でジワジワと大きくなって、もしかしたら〝これかもしれない〟っていう、演じる楽しさを感じてもいたので。それは今回、舞台で掴むことが出来ました』

――〝芝居〟に関して、舞台で得た感触をそう語る齋藤飛鳥。

そんな彼女が今回の舞台の主演で掴んだものは、何だったのだろう？

「飛鳥に言わせると、それは〝考える力〟だそうです。『自分がこのセリフをどう表現するか、この所作にはどんな意味があるのか、それをすべて演出家やスタッフの指示通りに演じるのではなく、自分の中で考え、理解した上で表に出す。そのクセを叩き込むことで、役者として次の領域に進むことが出来るのではないか』――飛鳥はそう話していました」

自分が舞台の主役を務めることなど〝想像すらしていなかった〟彼女が、終演時には役者としてのステップアップを目指すほど、成長を遂げていようとは――。

もともと秘めていた〝役者〟としての高いポテンシャルを、今回の舞台をきっかけに一気に花開かせようとしている齋藤飛鳥。

彼女の〝役者〟としての今後が大いに楽しみだ。

齋藤飛鳥が掴んだ〝センターの責任〟

『センターをやりたくてもやらせてもらえない子もいる。
その中でセンターに選んでもらってるのに、ネガティブな態度を
取るのは他のメンバーに失礼。
ちょっと誤解を生むかもしれないけど、どんなに疲れていても
〝やる気がある〟ように見せることがセンターの義務』

～18ｔｈシングル『逃げ水』のＷセンターに選ばれた大園桃子に
伝えた、齋藤飛鳥の言葉。それは自身2回目のセンターが来た
日のために言い聞かせているようで、すぐに19ｔｈシングル
『いつかできるから今日できる』に繋がる～

シングル曲センターの役割とは何だろう？

基本フォーメーションの0番に立つこと、Aメロとサビに歌割りがあること、音楽雑誌のインタビューや歌番組のMCで答えること。

いや、そんな表面上の話ではない。

齋藤飛鳥が『裸足でSummer』で掴んだ、センターの責任とは？

『正直なところ、私は最初のセンターの時は何もわかっていなかったと思う。アンダーから選抜に上がってしばらくして、メンバーたちから「そろそろ飛鳥の番じゃない？」って言われて、これといって具体的な強味や武器もなかったのに、気分だけフワフワして〝(そうなのかな)〟――と思ったり。次のシングルはななみんの卒業シングルだったけど、その後はまいやんと七瀬のWセンター。ちょっとその時点で、〝自分は何をやっていたんだろう〟……って凹みましたね』

乃木坂46はセンターが持ち回りに近いイメージがあるが、初期の〝生駒センター期〟を除き、連続でセンターを務めるにはそれなりの〝理由〟があると飛鳥は言う。

『センターに立ったその曲で、アンダーも含めた他のメンバーを納得させること。まいやんや七瀬はそれが出来ていた』

それに気づいた時、センターに抜擢されたのは3期生の2人。

飛鳥は——

『自信はないと思うけど、あるように振る舞う。やる気に満ちているように見せる』

——ことをアドバイスしたそうだ。

『センターはそうじゃなきゃいけない。自分の後ろに並ぶメンバーたちに、これっぽっちも不安を感じさせちゃいけない。出来なくても、出来るように見せなきゃいけない』

19thシングルで2回目のセンターに抜擢された齋藤飛鳥は、他の誰よりも自信満々で0番に立っていた——。

念願の〝ミステリーハンター〟に抜擢された斎藤ちはるの今後の目標

『ちょっと前、陽菜に「台湾のお勧めスポット教えて」と聞かれて、ミステリーハンターの資料とかノートを見返してみて、陽菜が好きそうなエリアや名所をチェックして教えたんです。私が撮って来た写真もデータにして。「ありがとう！」ってすごく喜んでくれたから嬉しかったんですけど、そのデータを見ながら「スイカで行きたいんだ～」って……。いやいやアナタ、それを言うなら「チューリップで行こうよ」じゃない？ 別にスイカに恨みはないし行っても構わないけど、陽菜はスイカに入る全然前からチューリップじゃん（笑）！』

～この言い分、斎藤ちはるは自分のとっておき情報を〝チューリップ仲間〟の川後陽菜に好意で教えたのだから、斎藤ちはるの主張のほうが正しい気もする……。長年の夢だった〝ミステリーハンター〟に初挑戦した彼女のこれからの目標は？～

斉藤優里のエピソードでも触れているが、スイカのメンバー5名はなかなかアクティブな性格らしい。正月に香港に行っているというのに、さらに年内に台湾にも行こうとしているのだから。

『本当にそうですよね。私も相手が陽菜だから教えちゃいましたけど、本当は〝ずー(高山一実)〟や愛未と行きたかった〝とっておきの場所〟まで、勢いで教えちゃったんですから。最初から〝スイカで行く〟って言ってくれれば、そこは隠しておきたかったですね(笑)』

笑いながら話してくれただけに、斎藤ちはるもそこまで腹を立てているわけではなさそうだ。

『でも今回、憧れのミステリーハンターとして行かせてもらって、それこそ想像の何倍も大変だったことは驚きました。それと同時にこれまでのミステリーハンターの先輩方、中でも圧倒的存在の竹内海南江さんの実力というか、本当にもう足元どころか地下100mにも及ばないことが身に染みました』

TBS系『世界ふしぎ発見!』の案内人ミステリーハンターをこの11月で丸30年、出演回数も280回を越えるまで務めている竹内海南江。まさに草野仁、黒柳徹子に並ぶ〝番組の顔〟と言っても良いだろう。

そんな竹内のリポート力に憧れる斎藤は、自分がミステリーハンターに抜擢されたことで、竹内のとてつもない暗記力、海外諸国に対する造詣の深さを思い知らされたらしい。

『それに比べたら本当、私が知っている情報なんか、陽菜だけじゃなくメンバーみんなに一斉送信しても惜しくないレベルだもん。今は竹内さんの背中すら見えないけど、いつか〝いいリポートしてるね〟って言われるぐらい、意識させて見せるから！』

目標と志は、高く高く。

そうでなければ「ミステリーハンターになりたい」なんて、軽々しく口にしてはならないのだ。

斎藤ちはるが、〝元祖ミステリーハンター〟竹内海南江も舌を巻くほどのリポートを見せてくれることに期待しようではないか。

斉藤優里が明かすスイカメンバーとしての〝乃木坂46への貢献〟

『〝なぁちゃんが疲れてるな～〟と思ったら、だいたい、私がリードしてスケジュールを決めます。今年はお正月の香港と、春には沖縄と石垣島にも行きました。

目的はなぁちゃんにリフレッシュしてもらうこと。

今、乃木坂にはまいやん、生ちゃん、生駒ちゃん、そしてなぁちゃんって、外に向けて発信してくれるメンバーの存在が必要不可欠だけど、中でもなぁちゃんは辛さを内に抱え込んじゃうから、スイカメンバーでパアーッと発散させてあげないと……』


～西野七瀬の心に張り詰めた糸が切れる前に、斉藤優里はその緊張をほぐしているのだと語る。それは決して、自分が遊びたいからではなく（笑）、スイカメンバーとして〝乃木坂46へ貢献する〟一つの形なのだ～

いくら乃木坂46のCDが売れようと、グループから飛び出して認知度や知名度を広げるメンバーがいない限り、そのヒットはアイドル界の中に留まってしまう。AKB48が『ヘビーローテーション』『恋するフォーチュンクッキー』というカラオケの大定番曲を持つのに対し、乃木坂46にそこまでの楽曲がないのは、まだまだ〝外〟に向かっての訴求力、波及効果に乏しいことは、悔しいかな認めざるを得ない事実の一つだろう。

しかしそんな中でも、着実に白石麻衣、西野七瀬、生田絵梨花、生駒里奈、さらには齋藤飛鳥など、過去から現在に及ぶシングルセンター経験者たちが、必死に打って出てくれているのが2017年の乃木坂46だ。

『アンダーはもちろん選抜メンバーの多くも、自分たちが乃木坂46っていうグループに所属しているからこそ夢や目標が叶っているのはわかってるし、そのもうワンランク上に上るためには、メンバー個々の発信力を上げなきゃいけないこともわかってます。今はその役目を4～5人のメンバーが担っていて、それは本当に〝負担を押し付けて申し訳ない〟気持ちで一杯。だから私たちはせめてものサポートで、スイカのメンバーでもあるなぁちゃんの変調には敏感でいたいんです』

西野七瀬と斉藤優里、そして川後陽菜、伊藤かりん、伊藤純奈の5人組〝スイカ〟。

特に西野にとっては気の置けない、誰といるよりもリラックス出来るメンバーだ。

『なぁちゃんがどんなに疲れていても私たちと旅行に行ったら、顔面がテッカテカになるほどリフレッシュして帰って来れるんです。それがたとえ1泊2日の温泉旅行でも。テッカテカで元気になったなぁちゃんが、またパワー満点でお仕事に臨む。私たちはその後ろ姿を見送れれば幸せなんですよ』

何よりも西野七瀬をリフレッシュさせてあげたいという、斉藤優里のメンバーを想う優しい心。

表には現れない、そうした形でも斉藤は乃木坂46に貢献しているのだ。

相楽伊織が秋元真夏を〝リスペクトしてやまない〟理由

『私の好きな名言の一つに、「人はどうでもいい相手への態度に、本当の性格が現れる」——っていう言葉があって、それは真夏さんを見ていれば〝確かにその通りだな～〟って納得する言葉なんです。真夏さんはどんな人にも優しくて、たとえ初対面の人でも〝この人（秋元）は何て親切で優しい人なんだろう〟って思わせる態度しかしていない。軍団員の一人としてずっと見て来ているから、それは間違いありません』

～秋元真夏以下、渡辺みり愛、鈴木絢音、そして相楽伊織からなる〝真夏さんリスペクト軍団〟。中でも、最もリスペクト熱が高いのが相楽伊織。その理由を相楽は、こんな風に語っていた～

もともと、乃木坂46のファンからメンバーになった2期生、3期生たちは、どちらかといえば乃木坂の〝箱推し〟からオーディションに応募したわけではなく、具体的に誰か1人のメンバーに憧れ、オーディションを受けた者が多い。

そして不思議と応募者の多くが憧れる白石麻衣推しに偏るのではなく、満遍なくそれぞれのメンバーに憧れる者が入って来る。

『白石さんは一人だけ存在が違うというか、簡単に〝推してます!〟なんて言えない雰囲気じゃないですか? 別に真夏さんが気安く推せるっていう意味じゃありませんよ』

もちろんそれは言われなくても承知しているが、同時に相楽伊織の言わんとしていることもわかる。

『私は実際に真夏さんと触れ合って、仕事に対する姿勢と誰に対しても平等に優しいところを好きになって、影響を受けているんです。みり愛や絢音もそうだと思うけど、知れば知るほどリスペクトせざるを得ないのが真夏さんですから』

それは『乃木坂工事中』のスタッフよりも、アイドル誌の記者やライターから聞かされるエピソードでも明らかだそうだ。

『私が真夏さん好きだと知っている記者さんやライターさんたちが、真夏さんと仕事をした時のエピソードを話してくれるんです。そしてそのほとんどというかすべてが、〝真夏さんがいかに

いい人か〟っていう話。そんな話ばかり聞いていると〝飽きない？〟って言う人もいるけど、大好物はどれだけ食べても飽きないのと同じです（笑）』

ちなみに後発の〝若様軍団〟が出来たことで――

『真夏さんリスペクト軍団の存在感を改めて示したい』

――と語る相楽伊織。

その最初のステージは、どうやら「東京ドームコンサートの場にしたい」そうだ。

相楽をはじめとするメンバーが、これからどうやって〝真夏さんリスペクト軍団〟の存在感をさらに示していくのか、大いに楽しみだ。

桜井玲香、そして乃木坂46が乗り越えた〝AKB48の公式ライバル〟という大きな試練

『これは本当、キャプテンの私が言っちゃいけない〝乃木坂あるある〟なんですけど、1期生の誰も、私たちがAKBさんの公式ライバルになれるだなんて、これっぽっちも思ってなかったんですよね（笑）。秋元先生がシャレで付けたキャッチフレーズで、〝そのうちなくなるんじゃないか〟……と。いろんな取材で自分たちから言わなきゃいけなくなった時も、恥ずかしくて言いたくなかったですもん。

それが少し〝本気〟になって来たのが、まいやんがモデルで認められたり、3周年ライブを西武ドームでやれたりした頃です』

〜AKB48の〝公式ライバル〟として2011年に誕生した乃木坂46だったが、キャプテンの桜井玲香をして「ライバルになれるかも……」と感じ始めたのが何と2015年だったとは。確かにそれは今だから言える……いや、今しか言えない〝あるある〟だ〜

キャッチフレーズが先行し、とても自分たちの人気や実力が伴わない辛さは、さぞや当のメンバーたちを苦しめたことだろう。いや見方によってはメンバーに大きな試練を背負わせるため、あえて〝公式ライバル〟の冠をかぶせた気さえする。

そもそも乃木坂46運営の母体、SONYとAKB48のわだかまりについては、2007年から2008年にかけて現場では明らかになっていたこと。後にデフスターレコーズ（SONY傘下）時代のMV集、ベストアルバムの再販で〝手打ちをした〟とアイドルヲタク界隈の〝常識〟になってはいたが、秋元康氏とSONYが再びアイドル作りで手を組んだところを見ると、まだまだ〝貸し借り〟は大きかったに違いない。

『そういう〝大人の事情〟みたいなことは私たちにはわからないけど、〝AKB48の公式ライバルを作る〟オーディションに応募して合格した自分たちでさえ、乃木坂46がCDデビューした2012年のAKBさんを見ていれば、同じ業界にいるからこそ〝いかに無謀な目標か〟が、身に染めて理解出来たんです。だから本当、AKBさんの公式ライバルっていうキャッチフレーズを、一日でも早く〝冗談でした〟と撤回して欲しかった』

ようやく光明が見えたのが、白石麻衣が先陣を切って始めた個人仕事で知名度が上がったことと、3周年ライブの〝客席の熱さ〟だったという。

『これは感覚的な話で申し訳ないんですけど、それまでの1周年、2周年は、お客さんもどこか様子見で、いつでもAKBさんや他のアイドルに〝帰る〟準備をしながら見てくださってる空気しか感じなかったんです。それが3周年では、本当に私たちを見に、私たちのために集まってくれたことが、客席の熱が証明してくれていたんです』

メンバーに自信をつけさせてくれた、ファンの熱。

その日から今まで1度の温度も下げることなく、彼女たちを支え続けてくれている。

桜井はじめ、乃木坂46メンバーたちは、こうして〝AKB48の公式ライバル〟という重くのしかかるプレッシャーから解き放たれたのだ。

佐々木琴子が苦手とする〝感情表現〟の出し方

『これはもう、人から何と言われようと、〝無理に変えるものでもないんじゃないかな〜〟って、自分では思ってます。

私は喜怒哀楽の表情が出ないというか〝ない〟と言われて、まるで人間じゃないような扱いですよね（苦笑）。自分としては大好きなアニメを見たり、行ってみたかった猫カフェに行けば、周りがビックリするぐらいの声が出たりするから、決して表情がない、もっと言うと感情がない人間ではないと思います。

ただあまりにも言われるので、これからは少し曲げるべきかな……と。

あくまでも自分は自分ですが、テンションだけは上げたり下げたりコントロールするべきなのかも？』


〜大袈裟な感情表現が苦手で、決して〝乏しい〟わけではない佐々木琴子。これがライブの場合は〝クール〟〝冷静沈着〟と評判は悪くないが、握手会となると一変。中には「プロなんだから楽しませて」などという、やや強引な意見も……〜

握手会の難しいところは、〝いかにもな〟アイドルスマイルを浮かべていると、「作り笑いはやめて素を見せて」などと言われ、ならばと素の自分に近いテンションで接すると、「つまんない」「プロなら盛り上げて」など、真逆のリクエストをされること。

結局、そこには万人のファンに共通する正解などはなく、いかに無理をせずに握手会に臨むかを徹底しないと、すべて苦痛として自分に返って来てしまうのがしんどい。

『ファンの人とお話しするのは楽しいし、いつも元気や勇気をもらってますよ。別にこれは嘘じゃないし、嘘をついても仕方がない。ただわかって欲しいのは、〝普通の私〟はこんな感じですよ――ってことなんです』

佐々木琴子が〝感情表現が苦手な女の子〟なのは、何も今に始まったことではない。

19thシングルが初めての握手会で、それまでの予備知識もまったくなく、公式サイトで見たアーティスト写真に一目惚れをして握手会に申し込んでみた……という方を除き、彼女に何らかのクレームを入れるのはどうかしている。

『ファンの皆さんも言いたいことがあるでしょうし、2推し3推しで私の握手券を買ってくださった方もいるじゃないですか？　満足させられなかったのは私の責任ですから、素直にごめんなさいします。ただ、次に頑張るチャンスだけは、どうしても与えて欲しいですね』

来年の夏には20才になる佐々木琴子。

これは他人にはわからないが、そういう年齢の変化が、性格の変化に結びつくことは案外と多い。

ちなみに最後に、大切なことを言い忘れていた。

彼女の握手は「クセになる」と、実は支持を集めていることを――。

白石麻衣が改めて振り返る〝乃木坂46を選んだ〟理由

『たとえば乃木坂がAKBさんみたいに毎日公演をする劇場を最初から持っていたら、私はオーディションを受けなかった。だってそれなら、AKB48を受けたほうがいいですよね？ 2011年なんてAKBさんが大ブレイクしていた時なんですから（笑）。それでも乃木坂を選んだのは、運命に導かれたとしか思えない』

白石麻衣が今だからこそ振り返ることが出来る、オーディション時の気持ち。なぜ自分は乃木坂46のオーディションを選んだのか？ すべては運命が導いたとしか答えようがない。

「僕がその話を振った時、彼女はキョトンとした顔をしていました。まるで〝今さらそんなこと聞くんですか？ そんな人いませんよ〟——とでも言いたげに。まあ、いつも彼女の周りにいるスタッフじゃないので、今さらだろうと何だろうと、ふと思ったことを口にしたのですが」

フジテレビの競馬関連番組を担当する放送作家氏は、競馬が1年で最も華やかなシーズンを迎える今年の春先、番組収録の合間に、

「そういえば白石さん、何で乃木坂のオーディションを受けたんですか？」

――と尋ねた話を明かしてくれた。

「知りたいじゃないですか？ 彼女が乃木坂を選んだ、〝乃木坂じゃなければならなかった〟理由を」

この時、さすがに加入してから6周年間近の〝乃木坂46のエース〟に対し、そんなぶしつけな質問をぶつけるギョーカイ人など、彼女の周囲には皆無だったに違いない。

しかし白石は一瞬、キョトンとして言葉を失ったかに見えたものの、笑顔で放送作家氏の問いに答えてくれたそうだ。

『今思えば、私たちはゴリゴリのアイドルになりたい子ばかりが集まったんじゃなく、モデルや女優とか、いろんな仕事に興味を持っているメンバーが揃ったからこそ、こうして今の形に繋がったんじゃないかな？ ――と思うんです。たとえば乃木坂がＡＫＢさんみたいに毎日公演をする劇場を最初から持っていたら、私はオーディションを受けなかった。だってそれなら、ＡＫＢ48を受けた

ほうがいいですよね？　2011年なんてAKBさんが大ブレイクしていた時なんですから（笑）。それでも乃木坂を選んだのは、運命に導かれたとしか思えない』

――そう答えたという白石。

そんな問い掛けなど、適当にいなしながら答えたとしても、放送作家氏だって文句を言うはずがない。いやむしろ適当に答えてくれたほうが、彼も笑って話を終わりに出来たのだ。

「ただ簡単に〝乃木坂がAKBさんみたいに毎日公演をする劇場を最初から持っていたら、私はオーディションを受けなかった〟と答えてくれるだけでも、僕にはすごい発見でした。しかしそれだけではなく、前振りとして〝アイドルになりたい子ばかりじゃなく、モデルや女優とか、いろんな仕事に興味を持っているメンバーが揃ったから今の形に繋がった〟――と、乃木坂の成長の要因がそもそもオーディションから始まっていたことを、改めて振り返ってくれるなんて。僕はそこに、彼女にはれっきとしたエースの自覚、〝どんな時でもスポークスマンを務める義務〟を課しているように感じました」

だからこそ「運命に導かれた」の一言は、白石麻衣にしか出せない重みを持っているのだ。

白石麻衣が決して認めようとしない〝AKB超え〟

『いろんな方に、きっと〝嫌み半分〟で言われていると思うんですけど、毎日、現場でコンビニのお弁当を食べてる私が、アイドル界の頂点に立つ売れっ子だなんて、そんなことがあるわけないじゃないですか（笑）』

〜実際、乃木坂46がAKB48を抜き去っていることは〝世間の常識〟だし、その乃木坂46で一番人気を誇る白石麻衣が〝アイドル界の頂点〟に立っているのも、同じく世間の常識。しかし彼女は決して謙虚さと〝用心〟を忘れない〜

「アイドル界の頂点に立つ売れっ子」という自身の評価に対する、これが白石麻衣の〝素の本音〟だという。

『去年ぐらいからよく言われるのが、私たちが〝AKBさんを超えた〟〝アイドル界の頂点に立った〟――というセリフです。確かに意識の片隅に〝勢いだけなら負けない〟という気持ちはありますけど、実際、AKBさんは連続ミリオン記録を続けている。その点だけを見れば、全然頂点になんか立ってませんよ』

あえてここで解説するほどでもないが、AKB48の新曲がミリオンセールスを続けている〝カラクリ〟は周知の通り。

しかしだからこそ白石も「私たちだって同じことをやってる」と、自ら〝AKB超え〟を宣言することはないのだ。

『それは謙虚でも何でもなく、事実ですよね（苦笑）。ただ、私はRayさんやLARMEさんに出させて頂いてますけど、本屋やコンビニのファッション誌コーナーで、メンバーが表紙だったり（名前が）クレジットされたりしている本をたくさん見つけると、それは勢いだとは感じますけど……。でもまあ、その一週だけの話かもしれませんしね（笑）』

おそらく白石は、明らかに乃木坂のセールスがＡＫＢを超え、なおかつ、あらゆる面で乃木坂がＡＫＢを上回ったという確固たる裏付けがない限り、自ら「私たちはＡＫＢを超えた！」宣言は出さないだろう。

いや、それでも彼女は「ＡＫＢを超えた」とは認めないかもしれない。

それでいいのだ。それが正解なのだ。

そう簡単に届かないからこそ、頂点には価値が生じるのだから――。

〝OL兼任アイドル〟新内眞衣にしか出せない〝セールスポイント〟

『この前『乃木坂工事中』でタイ観光大使のロケがあったじゃないですか？　玲香とかずみん、まっちゅんが行って来たヤツ。あれどう考えたって、私が選ばれるのが順当だと思いません⁉

最初、観光大使のイベントで行った時の7人に入ってたし、そもそも写真集だってタイで撮影してるんですよ！　誰よりもタイと縁があるのは、絶対に私ですからね。

ただ今回の場合、さすがにもう年内の有休は残ってない。

まあ、サラリーウーマンの宿命には逆らえませんよ（笑）』

～年末の乃木坂46〝写真集ラッシュ〟の中、個性派集団のメンバーに混じって特別な存在感を堂々と主張している新内眞衣。このエピソードも自身の特徴を活かした、新内にしか出せないエピソードだ～

タイ、それも首都バンコクには、日本から数多くのアイドルがイベントやライブで訪れている。今年に限ってもAKB48、AKB48チーム8、NMB48のイベントトライブやコンサートに現地ファンが熱狂。特にNMB48はタイ、香港、台湾を廻るアジアツアーを成功させ、目下、48グループの中で一番と言われる勢いを加速させた。さらに48グループといえば、間もなく本格始動するBNK（バンコク）48の存在も忘れてはならないだろう。

しかし、ここまで48グループが日タイの音楽文化交流に貢献し、これまでに何度もタイで開催されたジャパンエキスポに参加しているというのに、タイ国政府観光庁は、乃木坂46をタイ観光大使に選出したのだ。

『タイは本当に肌に合うというか、ご飯は美味しいしエステは最高だし観光名所はたくさんあるしで、出来れば年に1回は定期的に大使として呼んでもらいたい国ですね。番組で〝観光大使としてのロケをする〟って発表された時は、本当に私も行きたかったですけど。ただ、かずみんのタイ語アピールやまっちゅんの〝エステで半ケツ出します〟アピールが出た瞬間、バナナマンさんはもう2人は合格させるつもりだったと思いますよ。見ていればわかりましたもん（苦笑）』

そんな風にいつまでもブツブツと文句を言うほど（?）、タイに行きたかった新内。

しかし残念ながら彼女は、どうやら別の理由でタイ行き候補から外されていたようだ。

『仕方ないんですよ。今年は例年の全国ツアーに加え、観光大使と写真集の撮影でタイに行ってるし、夢の東京ドームに向けて〝有休〟が足りないぐらい。2泊3日程度の撮影でも、これ以上は会社を休めないんですから（苦笑）』

自分は〝OL兼任アイドル〟だから需要がある、他のメンバーにはないセールスポイントになっていることを熟知している新内眞衣にとっては、ここで「有休が足りないから行けない」こともネタに使える。

なかなかしたたかな戦法を使いこなすからこそ、彼女は魅力的なのだ。

鈴木絢音が今も持ち続ける〝正規メンバーへ昇格時のトラウマ〟

『私は2期生に合格した後でもなかなか踏ん切りがつかなくて、秋田の実家から2年間上京出来なかったじゃないですか。当然のようにすべてにおいて出遅れていて、アンダーライブの全国ツアー、東北シリーズまでに〝ようやく追いつけたかな～？〟ぐらいが本当の実力だったんです。それからは中途半端な自分とサヨナラするために、パフォーマンスでもお芝居でもみんなを追い抜くことを目標にしています。あの正規メンバーへの昇格の時のように、劣っている自分が上に上げられるようなこと、二度と経験したくないので』

～どうしても芸能活動だけに絞れず、地元秋田での学生生活を捨てられなかった、当時の鈴木絢音。しかし上京するたび、どんどん開いていく同期とのレベル差に耐え切れず、2年遅れでの本格始動を選択した～

乃木坂46運営は地方在住のオーディション合格者が学生の場合、強制的な上京を約束事の中に織り込まない。この点は〝合格者は日常的に劇場、レッスン場に通えること〟と明記されたAKB48と違うところだが、しかしそれはケースバイケースで、どちらが本人（と家族）のためになるかはわからない。

『毎日のように「追いつくだけじゃダメ、追い越さないと」――っていう先生の言葉を励みにして、今もずっと胸に刻んでいます。あの頃、その言葉を信じてすがらなければ、途中で秋田に逃げ帰っていたかもしれません』

それほど過酷なレッスンでも、2年の差はなかなか埋まらない。

しかしそれこそ〝当たり前〟で、鈴木が放課後に地元の友だちと笑いながらダべっている時、同期のメンバーは東京で歯を食いしばっていたのだから。

『実際には追いついた、追い越したっていうのは〝自分対相手〟の感覚の問題。ペーパーテストじゃない。口では〝追いついた〟なんて言ってますけど、心の中では永遠に追いついていない〝つもり〟でいたいんです』

それは研究生から正規メンバーへ昇格した時のトラウマらしい。

『3周年のバスラで未昇格組が全員昇格したけど、まだ秋田にいた私だけは、絶対に正規メンバーに昇格するレベルになかった。結局、それがきっかけで〝上京しなきゃ！〟って決めたんですけど、あの時の自己嫌悪はきっと一生忘れられません』


あまりにも真面目で、こだわらなくても良いことにこだわりすぎるのが、鈴木絢音の悪いクセか。

だってもう、パフォーマンスも芝居も〝追い抜いた〟と断言しても良いレベルにあるのだから。

これからは彼女のそのこだわりを向上心の源にして、さらに上を目指していって欲しい。

高山一実を逞しく成長させた〝ある試練〟

『時にはあまりにもしんどくて、その場から逃げ出したくなることもありました。
でもそんな時に〝あのこと〟を思い出すと、どんなことにも耐えられる。
いろいろと苦しかったり辛かったりしたことはあったけど、
〝あれ以上のことはないんだから〟――って』

ファンの皆さんは〝あのこと〟に心当りがおありだろう。高山一実がこれまでの活動の中で〝最も辛かった〟こと。それは乃木坂46初期の〝ある試練〟だった。

「ファンの皆さんならすぐに想像がつくと思いますけど、メンバーが数名ずつ分かれて全国各地に飛んだ〝ティッシュ配り〟のことです。これが高山じゃなくて西野のセリフなら、もっとわかりやすかったと思いますけどね」

『乃木坂って、どこ？』時代から番組に関わって来た放送作家氏は、当時デビュー曲『ぐるぐるカーテン』のPR活動で行った〝全国8ヵ所 弾丸ティッシュ配りPRツアー〟こそが、高山一実の言う「あのこと」だと明かしてくれた。

「前半、後半に分かれ、4チームがそれぞれ2ヵ所ずつ、ティッシュを配ってPRをしました。高山は西野七瀬、若月佑美、斉藤優里の4人で、前半は京都、後半は名古屋でティッシュを配りましたが、問題はその前半の京都だったんです」

デビュー曲発売前の彼女たちは、言ってみればまだまだ素人同然のキャリアしかない。まったく知名度のない中、京都では無謀にも橋のたもとでティッシュ配りを行った。

「アイドルや音楽に興味がありそうな若者が集まる場所、あるいはCDショップなどではなく、普通の通行人にティッシュを渡そうとしたんです。しかし、いくら彼女たちが笑顔で声をかけようと、その大半がスルー。最初に西野の心が折れて泣き出し、3人は〝西野の分も頑張ろう！〟——と、涙をこらえて声を枯らしました」

仮に今、その4人が同じ場所でティッシュを配り始めると、大パニックで車道にまで人が溢れ出すに違いない。

当時は、他のチームも含め、全員が〝無名の新人アイドルの洗礼〟を浴びせられたわけだ。

『乃木坂46の活動や高山一実個人の活動の中で、こんな風にいつもノー天気で騒がしい私でも、何回か壁にぶち当たったことがあるんです。時にはあまりにもしんどくて、その場から逃げ出したくなることもありました。でもそんな時に〝あのこと〟を思い出すと、どんなことにも耐えられる。いろいろと苦しかったり辛かったりしたことはあったけど、〝あれ以上のことはないんだから〟――って』

――そう語った高山。

ちなみに高山は――

『〝乃木坂46〟と言っても受け取ってくれないから、「AKB48さんの公式ライバルで〜す!」って声をかけたんです。そうしたら笑っちゃうぐらい、みんな受け取ってくれて……。でも正直、それはちょっと惨めな気持ちにもなりましたけどね』

――と、当時を振り返っている。

「少し前にも彼女は冗談で、『もしタイムスリップしたら、ティッシュ配りの自分たちに会いに行きたい』——と話してました。それは『あの頃の自分たちに〝あと5年ガマンしたら、ちょっとは知られてる存在になれるよ〟って教えてあげたい』からだそうです。今は笑い話でも、実は〝結構な傷をつけられていた〟ということです」

断言しよう。

その経験が高山を強く、逞しく成長させてくれたのだ——と。

高山一実が気づいた〝バラエティ担当〟に必要な資質

『私の失敗は自分をバラエティに寄せすぎて、アイドルだということを忘れていたこと。

番組のその場のノリに乗ることに必死で、アイドルの振る舞いが出来なかったこと。

それはビックリするぐらい結果に繋がるんですよ。〝人気〟っていう(笑)』

~乃木坂46の後輩、あるいは欅坂46の後輩に伝えたい、高山一実の金言。自分を〝バラエティ担当だから〟と追い込んだ失敗を、今だからこそ冷静に分析する~

「アメイジング！」と変な声（失礼!!）を武器に、初期から乃木坂46のバラエティ担当として君臨して来た高山一実。

後に秋元真夏、生駒里奈も数々のバラエティ番組で存在感を示しているが、やはり誰もが名前を挙げるバラエティ担当といえば、高山を置いて他にはいないだろう。

『今だから言える笑い話ですけど、バラエティはとにかく目立った者勝ち、自分がアイドルだからって、周囲は特別扱いをしてくれないし、むしろ容赦がない。どうやったらお笑い芸人さんのようにスタジオの笑いを取れるか、毎日毎晩、それしか考えてなかったんです』

百戦錬磨の芸人やタレントに混ざるメジャーな番組に呼ばれるほど、高山の苦悩はさらに増していく。

彼女から見てバラエティで成功しているアイドル、たとえば指原莉乃や峯岸みなみを研究してみても――

『自分にない武器で戦っている人の真似をしても仕方がない』

――と、気づかされる。

『〝無理をしすぎてたんだな〜〟って。同時に、ふと気がつくとアイドルとしての人気がどんどん下がっていたんです』

〝アイドル・高山一実〟を好きでいてくれたファンの全員が、決して〝バラドル・高山一実〟も支持してくれるわけじゃない。

その、あまりにも簡単な構図すら見えないほど、自分の身をバラエティの現場で削っていたのだ。

『バラエティ番組だからアイドルを捨てて頑張るんじゃなく、〝バラエティ番組に必要なアイドル〟になる。この違いは経験した人にしかわからないと思う』

秋元や生駒だけではなく、今後は2期生、3期生からもバラエティに進出するメンバーが増えるだろう。

そんな後輩たちに高山は——

『自分の立ち位置を見誤らないこと』

——を一番に伝えたいという。

寺田蘭世が虎視眈々と狙う〝選抜定着〟

『自分の中で最も大きなターニングポイントは、センターをやらせてもらった武道館でのアンダーライブですね。

もちろん研究生から昇格したことも含めて2期生として4年もやってれば、他にも候補はいろいろありますよ。でも去年の12月のあのライブは、選抜単独、アンダー単独で4日間やったのに、その締めを選抜じゃなくアンダーが務めたんですよ。

武道館でそんなシチュエーションが訪れるなんて思ってもみなかったし、どれだけ「アンダーライブが凄い」ってクチコミで広がっても、実際に見てもらわなきゃ次に繋がらない、何も始まらないことを知れたことも大きかった』

～アンダーライブのお決まり、センターを務めたメンバーが締める最後の挨拶で、思いの丈を語り尽くした寺田蘭世。乃木坂46の歴史に残るあのアンダーライブは、2017年の最初のシングル『インフルエンサー』での、寺田蘭世初選抜を呼び込む～

寺田蘭世が——

『実際に見てもらわなきゃ次に繋がらない、何も始まらないことを知れた』

——と語った、2016年12月のアンダーライブ。

それは年明けの、まさに〝蘭世時代〟の到来を予感させた二つの〝選抜〟に繋がっていく。

一つは小嶋陽菜の卒業シングル『シュートサイン』のカップリング曲、〝ルックス選抜〟と喧伝された坂道AKBへの抜擢。

そしてもう一つは寺田にとっては念願中の念願、17thシングル『インフルエンサー』での初選抜だった。

『未央奈の『バレッタ』が7thシングルだったから、私は10作遅れての初選抜。待ちに待った瞬間がやって来て、自分がどうにかなりそうだった(笑)。すべてはアンダーライブをセンターでやり遂げたから』

彼女の質の高いパフォーマンス、時の勢いはそれ以前からファンの間では「キテる」と評判を呼んでいたが、シングル曲の選抜には繋がらなかった。

『『インフルエンサー』が乃木坂史上、最も速くて難しい振り。そこに呼ばれたのはパフォーマンスを評価されてのことで、それがまた別の喜びでしたね』

だが、誰もが寺田の選抜定着を期待したが、18ｔｈシングル、19ｔｈシングルと、彼女の名前は選抜メンバーには挙がらなかった。

『もう、どうすれば選抜に戻れるかわかりません（苦笑）。でも自棄にはなってませんよ。だってこのままだと、あの選抜が〝単なるアンダーセンターのご褒美〟だったと思われてしまうから。そんなの絶対、自分を許せなくなる』

2期生で一番〝アツい〟女、寺田蘭世。

次に掴んだ選抜の座は――

『簡単には譲らない』

――と、彼女は鋭い爪を研ぐ。

中田花奈が目指そうとする〝プロデューサー・指原莉乃〟

『3期生が入って来て、彼女たちメインの『NOGIBINGO!8』を見ていたら、与田ちゃんには〝こんな企画をぶつけたら面白いのに〟とか、久保ちゃんは〝こうイジると絶対に盛り上がる〟とか、作家やプロデューサー目線で番組を見ている自分に気がついたんです。

2期生はすぐ下の後輩だったから少しはライバル意識を持たなきゃいけないところもあったけど、1期挟んだ3期生にはそれをまったく感じない。

今後、4期生が入って来るとさらにその傾向が強まりそうだし、そろそろ私も将来の運営入りを視野に入れるべきかも（笑）』

～元〝完全なるアイドルヲタク〟の中田花奈だけに、あながちジョークに聞こえないのがこのエピソードの肝。彼女に任せたら、意外に面白いアイドルが生まれるかも？～

おそらく中田花奈は〝あの先輩〟の活躍に刺激を受け、自らもアイドルを手掛けてみたくなったのだろう。

指原莉乃——現在、HKT48とSTU48の劇場支配人兼メンバーをWで兼任し、さらに声優を目指すアイドル〝=LOVE〟のプロデューサーまで務める指原は、素人中学生時代、ゴリゴリのハロプロヲタとして現場でも有名な自称・美少女ヲタクだったという。

まるでAKB48をはじめ、様々なアイドル現場に通いまくっていた中田そのものだ。

『本当、言われてみれば指原さんのやっていることはスキャンダル以外、全部私もやってみたいことですね。でも私なんかだと1から10までのうち、3ぐらいまでしか好きにさせてもらえないと思うけど』

ただし中田は、新しいアイドルを一から育てるのではなく、3期生に「ほんの少しアレンジを加えるだけで」変身するなど、身近の後輩の力になりたいと語る。

『私たちから見ても3期生は独自路線を歩んでるから、逆に全体コンサートやリハーサルの現場以外では顔を合わせることが少ない。お陰で彼女たちを〝1組のアイドル〟として見れるので、結構いろんなことに気づけるんですよね』

さすが中田、言うことが違う。

しかしそれはプロデュースなどと大袈裟な言い方ではなく、すれ違いざまのアドバイスで事足りることも。

『この前も与田ちゃんに、「背が低いんだから、猫背や肩を丸めていたらもっと低く見える。堂々と背筋を伸ばしてシャンとしたほうが良いよ」――と言いました。どこか自信なさげに見えて、ずっと気になってたので』

これから3期生たちがアイドルとして洗練されていくとしたら、少なくともそこに、中田花奈のアドバイスがあったと考えるべきだろう。

中田花奈が〝プロデューサー・指原莉乃〟にどこまで迫っていけるのか、これからの彼女を楽しみに見守ろうではないか――。

西野七瀬が欅坂46に対して感じている素直な想い

『〝欅坂46の勢いがスゴい〟って言われるようになってから、たまに現場で「やっぱり意識するの？」って聞かれることがあるんですけど、それは本当、まったくないんですよ』

自分たちはＡＫＢ48の公式ライバルではあったけれど、欅坂46は自分たちにとってのライバルなどではない。欅坂46に対して西野七瀬が感じている素直な想いとは？

「西野さんに限らず、乃木坂46には欅坂46をライバル視しているメンバーがいないそうです。かといって〝妹グループ〟とも少し違う。単に、互いを〝別物〟として見ているだけの感じがしました」

テレビ朝日系『ミュージックステーション』構成スタッフ氏は、乃木坂46が出演した放送回の合間、西野七瀬に簡単なエピソードをリサーチしていたという。

「ウチの番組は事前のアンケートリサーチでMCネタを決めているのですが、タモリさんが興味を持ちそうな追加エピソードが出そうなネタに関しては、改めて当日のリハーサルの前後にチェックしています。その日も西野さんに話を聞いていたんですが、彼女のほうから『**最近、欅があまりお世話になってませんよね?**』——と尋ねて来たんですよ」

基本的にはスペシャルの放送回以外は、新曲リリースのタイミングで出演を依頼されるのが『ミュージックステーション』。

欅坂46はデビュー年に3曲のシングルをリリースした後、そのサイクルが5ヶ月、6ヶ月とやや空いていたので、『Mステ』の出演回数も自然に少なくなる。

「どことなくライバル視しているような言い方は、ちょっと意外でした。だから〝やっぱり同じ坂道でも気になるんだね〟と言うと、西野さんは、『**もちろん大好きだから気になりますよ**』——と、僕の予想とは少し違うリアクションを返して来たんです」

構成スタッフ氏の印象とは逆に、西野は欅坂46をまったく〝ライバル〟としては見ていなかった。

『〝欅坂46の勢いがスゴい〟って言われるようになってから、たまに現場で「やっぱり意識するの？」って聞かれることがあるんですけど、それは本当、まったくないんですよ。彼女たちは私たちとはスピードが違うじゃないですか。Mステにしてもデビュー曲から出させてもらってるし、紅白もデビューの年に出場しているし。同じ坂道の仲間ではあるけど、〝どこか他人事で見ている〟……っていうのが正しいですね』

――欅坂に対しての自らの〝立ち位置〟をそう表現した西野。

ちなみに乃木坂46が初めて『Mステ』に呼ばれたのは、8ｔｈシングル『気づいたら片想い』からで、当の西野七瀬が初めてセンターを務めた曲。

「それもあってか、西野さんはウチの番組を〝特別〟と言ってくれました。そして『自分たちは何とか8曲目で認めて頂けたけど、欅はデビュー曲から。ライバルとか妹グループとかじゃなく、単純に自分たちとはスタートから違う、まったく別のスーパーグループを見ている感じです』――と笑っていました」

そして西野はこう言ったという――

『彼女たちがすぐそこまで上って来てくれて嬉しい』

――と。

西野七瀬が胸に秘めている〝乃木坂46のこれからの方向性〟

『私たちが外からどう見られているか、自分たちでは本当にわからない。
みんなで話し合って「謙虚にいこう」って決めたこともないんです。
ただ個々の性格が控え目で、厚かましく図々しい態度が取れないことが、
そんな印象を残してくれたんだと思います。
本当は私も、生ちゃんみたいに〝出る時は出る〟性格になりたかったけど』

～乃木坂46が7年目を迎えている今、相も変わらずギョーカイ内の評判は「謙虚で清楚な子たち」のまま。しかし西野七瀬は、そればかりが取り沙汰されるのは「逆に発信力のなさを物語っている」と分析する～

この西野七瀬にしろ、あるいは白石麻衣にしろ、乃木坂46が「売れている」ことをやや〝否定的〟に捉えているメンバーは、実は1期生にはたくさんいるという。

『やっぱり1期生は、あまり注目されない時期を一緒に過ごして来ましたからね。それにだいたい、自分たちで〝私たちって売れてるよね〜〟みたいな話をするわけがないんだし(苦笑)、自分たちがどう捉えられているのか、想像もつかないのはみんなの本音だと思いますよ』

周囲のギョーカイ人、特に雑誌メディアに多い対応が、

「乃木坂さんは売れてるのに皆さん謙虚」

――と言われることらしい。

『たぶんですけど、テレビやラジオと違って雑誌やスポーツ紙に載る私たちの言葉って活字じゃないですか？ だから出来るだけたくさん、私たちから言葉を引き出さないと記事にならない。それで持ち上げてくれているというか、おだててくれている気がします(笑)』

さすがにそれは西野の勘違いで、〝謙虚〟〝素直〟〝一生懸命〟など評判が良いのは確か。

だがそれだけでは、乃木坂46の弱点の一つでもある〝メンバーの発信力〟を補うことは出来ない。

『私たちが本当に時代を代表するアイドルになるためには、メンバー個々の言動が〝流行を動かす、左右する〟ぐらいにならなきゃいけない。私やまいやん、生駒ちゃんのようにテレビのレギュラー番組を

持っているメンバーの頑張りが、発信力を生み出すきっかけになると思う。特に来年は、そこの真価が必ず問われる』

２０１７年は、初めての東京ドームコンサートが、乃木坂46にとっての〝締め〟になるだろう。

そして２０１８年、西野の予言がどう動き出すのか？

それが楽しみで仕方がない——。

生田絵梨花に触発されて覚醒した能條愛未の〝女優魂〟

『初期の頃、私がかずみんと並んで〝バラエティ担当〟だったの、みんなまだ覚えてますかね？

ちなみにバラエティ担当を辞めたわけじゃありませんよ（笑）。

私は昔から芸能活動をして、それなりの回数、舞台経験を積んで来ました。

でもこの1～2年、生ちゃんが「舞台をやりたい」「ミュージカルをやりたい」って手を挙げ、次々と結果を残す姿を同期として見ていると、「自分だって」――という気持ちが押さえられなくなったんです。

表のミュージカル女優、舞台女優の看板が生ちゃんなら、私は裏の看板でいい。

〝一度は勝負してみたい〟――そうやって、もがこうとするメンバーがここにいるだけの話です』

～生田絵梨花に感化され、改めて舞台の上で勝負していきたいと語る能條愛未。『じょしらく』や『カードファイト!! ヴァンガード』シリーズの高い評価も、彼女の背中を押す～

まだ9才の頃、『ALL THAT JAZZ』で初舞台を踏んだ能條愛未は、それから乃木坂46のオーディションに合格するまでの間、毎年少なくとも1作以上の作品に出演して来た。

『そんなの子供でしたしチョイ役だし、自分の経歴に記入するほどでもありません(苦笑)。ただ舞台の楽しさを知るには、私的には十分な経験だったと思っています』

彼女が3才の時に『美少女戦士セーラームーン』を見て、小学校に上がる前から女優を目指し、英才教育を受けて来たのはファンにとって周知のエピソード。

乃木坂46に入ってからもその夢を忘れたことなどなかったが、生田絵梨花という〝努力型天才女優〟の存在が、休眠中だった夢を再び目覚めさせたのだ。

『あまり大きな声では言えませんけど、オーディションも受けてます。そしてそこで、久しぶりの緊張感も味わっています。そんなの昔は当たり前だったけど、乃木坂に入って甘えていた自分もいた。またその気にさせてくれた生ちゃんには感謝してますよ。本人は全然、私がそんな風に思ってることを知りませんけど(苦笑)』

もしかしたら生田は、無意識のうちに〝とんでもないこと〟をしてしまった……と後悔するかもしれない。

そのまま眠っていてくれたら何も起こらなかった、能條愛未という〝獅子〟を自分が目覚めさせてしまったことを。

眠りから覚醒した能條愛未がこの先どんな女優として羽ばたいていくのか、楽しみに見守ろうではないか――。

樋口日奈が自ら誓う〝20才の決意〟

『ちょっと前、欅ちゃんの何人かが成人式の日の握手会を欠席するっていう話が話題になったんですよ。「ウチらの握手会も成人式になかったっけ⁉」――って。結局その日に19ｔｈシングルの全国握手会が入っていて、みんなスケジュールを把握していなかったから、成人式組は「ウチらも（成人式に）出られるよね？」……と、それなりに不安になってました（笑）。
気がつけば私も来年の1月31日には20才になって、その前には成人式を迎える。これからは若い10代の高校生メンバーや中学生メンバーの〝お悩み相談室〟の相談員になることが、私の重要な役割』

～樋口日奈をはじめ、山﨑怜奈、相楽伊織、星野みなみ、川後陽菜、佐藤楓の6人が成人式を迎える乃木坂46。２０１8年は1期生から3期生まで、華やかな新成人たちが乃木神社でお披露目されるだろう～

2018年1月8日に行われる欅坂46の5thシングル『風に吹かれても』の個別握手会では、副キャプテンの守屋茜以下、尾関梨香、齋藤冬優花、土生瑞穂の4人が、成人式に出席するために欠席を発表した。

それを聞いて大慌てでだったという樋口日奈だが、同日に19thシングルの全国握手会が入っていたことを把握しておらず、「20才になるのにしっかりしなきゃ」と笑い話になったという。

『乃木神社さんへの参拝はいつも成人式当日じゃないけど、私たちにとってはそれが〝本番〟みたいなところがありますからね。来年は6人がどんな晴れ着を着るか、ファンの皆さんよりも私のほうが楽しみです』

そんな樋口が〝20才〟に強いこだわりを持ち、それを機に「もっと積極的に後輩の悩みを聞いてあげたい」という理由。

それは3年ほど前、活動の方向性を悩んでいた樋口の様子に気づき――

『ご飯食べながら話聞くよ』

――と声をかけてくれたのが、当時〝20才〟の桜井玲香だったからだ。

『すごく大人に見えて。それまで玲香のことを知っていたつもりだったけど、20才の玲香は一味も二味も違ったんです』

自分も「そんな20才になりたい」と願った樋口にとって、いよいよその時がやって来るのだ。

『といってもいくら年下でも、1期生や2期生が私に悩みを打ち明けるとは思えないし、主に3期生、それからいつかは入って来る4期生になるでしょうけどね。正直、誰も相談に来なかったら寂しいかも(笑)』

3期生の阪口珠美をアイドルの世界に導いた樋口日奈には、人を引き寄せる不思議な魅力がある。

むしろ♪キンコン♪キンコン♪とLINEの通知音が鳴りやまない夜に、樋口のほうが悩まされるかも。

星野みなみに訪れた〝イメチェン〟の時期

『こう見えて私も来年は20才になるし成人式だし、いつまでも自由気ままな〝星野みなみ〟じゃいけないんだけど、やっぱりそこはアイドルとしてのイメージを大切にしたいから、ずっとキープしておきたいんですよね』

2018年2月6日に20才の誕生日を迎える星野みなみ。1期生として加入して以来、ずっと乃木坂46の〝妹キャラ〟を保ち続けている彼女だが、実はレギュラー番組の関係者たちの中には、「3期生が本格的にブレイクする前に、イメチェンを目指したほうが良い」とアドバイスをする者も。

「彼女の魅力が〝自由人キャラ〟で、さらに少し陰を感じさせつつの天真爛漫な笑顔にあることは、スタッフ全員の共通認識です。もちろん、ファンの皆さんそれぞれが〝どこが好き〟という部分をお持ちでしょうが、番組の作り手としては、〝そのキャラやイメージをいかにして活かすか？〟を最優先に考える。とはいえ年齢的には、そろそろイメチェンを考える時期でもあります」

テレビ東京系『乃木坂工事中』制作スタッフ氏と話していると、星野みなみに対し、イメージチェンジを勧めるスタッフの存在を匂わされた。

「特に今の彼女に対して不満があったりとか、そういうわけではありません。しかしもうすぐ20才になる彼女は、舞台裏ではテレビに映る姿よりも明らかに〝大人〟になっています。むしろこのままでは、自由人キャラを演じるほうが辛くなるのではないかな……と」

確かに星野のみならず、10代前半からアイドルをして来た少女たちは、必ず10代後半から20代にかけて〝イメチェンの時期〟に直面するもの。

最も多いパターンは成人式の抱負などでそれを明らかにし、「大人の女性を目指します！」など、いかにもアイドルっぽい誓いを立てることだろう。

「でもそれをしたらしたで、星野の〝自由な妹キャラ〟に付いていたファンが、一斉に3期生に流れてしまうんじゃないか!?……と、本人はそこを気にしているようです。『**3期生の子たちはみんな可愛くて好きだけど、だからといって私のファンをごっそりと持っていかれるのは困る**』――なんて、笑いながらですがポロっと本音を溢していましたから」

ちなみに、具体的に〝ごっそりと持っていかれそう〟な3期生として、星野は特に――

『最年少の蓮加！ それと理々杏』

――を意識しているらしい。

それにしても、ひょんなことから星野の悩みを知らされることになったが、これも結成して7年目の歴史の産物だろうか。

『こう見えて私も来年は20才になるし成人式だし、いつまでも自由気ままな〝星野みなみ〟じゃいけないいんだけど、やっぱりそこはアイドルとしてのイメージを大切にしたいから、ずっとキープしておきたいんですよね(笑)。仮にこう見えて、バリバリ家庭的で真面目人間だったとしても』

――イメチェンについての想いをそう明かした星野。

確かに星野自身が言うように、今すぐにイメチェンする必要などあるだろうか？

すでに乃木坂46のピースの中に、星野のキャラはカッチリとハマっているのだから、そのピースをあえて取り外し、別のピースをはめ込む必要がどこにあるのだろう。

〝大人になりたい、大人の女性に見られたい〟のであれば、自然に成長すれば良いだけの話。無理に変えようとしなくても良いではないか。

あえてイメチェンせずとも、星野みなみは〝自由気ままな星野みなみ〟のままで——。

選抜落ちを経験した星野みなみが〝変わり始めた〟きっかけ

『生ちゃんも生駒ちゃんも凄い才能があって、何の武器もない私がフロントに選ばれた時、ずっと「どうしよう? ヤバいよ!」……って気持ちしかなかったんですよ。

でも一旦、フロントどころかアンダーに落ちて、緊張よりも〝楽しい〟気持ちが勝るようになりました。

自分で自分にかけていたプレッシャーから解放されたんです』

〜1stシングル、3rd〜5thとフロントメンバーを務め、順調なスタートを切った星野みなみ。しかしその後、選抜落ちを経験して戻って来ると、そこには見違えるほど〝楽しそうな〟彼女がいた〜

今、民放各局のドラマ担当者が「乃木坂46で次に来る、使ってみたいメンバー」として名前を挙げるのは、ダントツで星野みなみだという。

デビュー当時から美少女ぶりは際立っていたが、いかにも子供な立ち居振舞いや発言で「もう少し大人になったら使いたい」と言われていた彼女に、ようやくその時が訪れようとしているのだ。

『自分が子供だったのは自覚しているし、〝少しずつ変わらなきゃいけない、変わりたい！〟――って思い始めたのは、アンダーに落ちた時だったんです。でも、〝じゃあ何をすればいいの？〟……の答えも見つからなかったし、ますます生ちゃんや生駒ちゃんとの差を思い知らされましたね』

そんな星野が変わり始めたきっかけは、そのアンダーに落ちた際、あるメンバーに――

『他人と自分を比べても仕方がないよ』

――と諭された時だという。

『そうやって少しヒステリーみたいに泣いていたら、みさみさが「生ちゃんは生ちゃん、生駒ちゃんは生駒ちゃん。そしてみなみはみなみだよ」――と言ってくれたんです。その言葉に〝こんな私でも世の中には一人しかいないんだ！〟――って、すごく勇気づけられましたね』

それからは――

『アンダーに落ちた意味を考えて、何か掴むまでは選抜に帰れない』

――と、自分のアンテナを張り巡らせた星野。

確かに時間はかかったが、最も初期にフロントメンバーに抜擢された逸材が、ようやく開花する時を迎えようとしている――。

海外仕事の経験で堀未央奈に芽生えた〝海外志向〟

『〝プライベートの友だち2～3人と海外旅行に行きたいな～〟って、
最近特に思うんですよね。
誰かの後にくっついて行くんじゃなく、同じような海外レベル同士で、
わちゃわちゃやりながら旅行に行きたい。
だってそのほうが、絶対に人生経験になりますもん！』

11月24日に発売される写真集で、念願のアメリカ本土に上陸した堀未央奈。「自分でも信じられないぐらいずっと笑顔」の写真集は、実は堀の意外な〝海外志向〟がベースになっているのかも～

「まさかピースの綾部（祐二）くんと同じ道を辿るとは思いませんが、写真集の撮影から帰って以来、アメリカ熱が急騰したのは事実です。以前は〝ヨーロッパ大好き人間〟と公言していたんですけどね」

堀未央奈について語ってくれたのは、某アイドル月刊誌の坂道担当記者氏。

今年はアメリカとタイで仕事を行って来た堀に、帰国後、ひたすら〝海外の魅力〟を聞かされたらしい。

「とにかく楽しくて楽しくて仕方がなかったそうで、『一人の仕事であんなにずっと笑っていたのは初めて』――と言ってましたね。何度も『アメリカって、本当に大きいの』――と繰り返していました」

おそらくそれは、誰もがかかる熱病のようなものなのでは。

「一方のタイは乃木坂46が〝タイ観光大使〟に選ばれ、代表メンバー数人ずつがタイの各地を訪れた中での、飛鳥や新内との仕事だったようです。写真集の撮影で行ったアメリカ、観光大使の仕事で訪れたタイ、それぞれが『まったく違う環境での仕事だったから、得たものが違った』――と話してくれた彼女のセリフには、かなり興味が引かれました」

堀は単独で行ったアメリカでは〝自主性〟を学び、メンバーと訪れたバンコクでは改めて〝協調性〟の大切さを感じたそうだ。

「自主性はまだわかるのですが、協調性についてはグループアイドルの一員なのだから、内心

〝（当たり前じゃない？）〟と感じました。でもそれは、仕事の上での協調性ではなかったんですよ」

仕事でなければ何なのか？

堀はこんな風に話している――。

『写真集の撮影でアメリカに行ったり、タイ観光大使のお仕事でバンコクに行ったり、番組のロケでグァムに行ったり……はあるんですけど、〝プライベートの友だち2～3人と海外旅行に行きたいな～〟って、最近特に思うんですよね。誰かの後にくっついて行くんじゃなく、同じような海外レベル同士で、わちゃわちゃやりながら旅行に行きたい。だってそのほうが、絶対に人生経験になりますもん！特にバンコクでは、ずっとそんなことを感じてました』

堀は齋藤飛鳥、新内眞衣とのタイでの仕事が、どうやらほとんど〝プライベート感覚〟だったようだ。

「彼女が〝同じような海外レベル同士で〟〝わちゃわちゃやりながら旅行に行きたい〟――と言うのは、誰か一人だけその国に詳しかったり外国語が流暢だったりすると、どうしても頼りきりになって〝成長しない〟からだそうです。『友人たちと見知らぬ国で協調性を大切に、そしてその国を存分に楽しむことが人生経験になる』――と。そんな風に話してくれました」

齋藤と新内は自分と〝海外同レベル〟だったから、プライベートの友人との旅行を連想した――ということ。

堀はこうして〝人生経験〟を積むことで、タレントとしても一人の女性としても成長していくことだろう――。

堀未央奈が改めて感じた〝2期生の底力〟

『同期の活躍は自分のことのように嬉しいし、それぞれがやりたいことをやって輝くことって、本当にスゴいと思う。同じ時に乃木坂に入って、これまであまり一緒にやって来れなかったけど、それぞれの経験が結集した今が一番強い』

～2017年の全国ツアー、神宮球場での〝期別〟セットリストを通し、改めて「団結した時の2期生の底力を感じた」と言う堀未央奈。力強く「だからこそ、これからが2期生の時代だ」と誓う～

実のところ2期生の絆や結束力は、同期の間よりも〝アンダーメンバー〟同士のほうが強い。

北野日奈子、寺田蘭世、渡辺みり愛など、アンダーツアーによって大きく羽ばたいたメンバーは、特にそう思っているだろう。

『私もアンダーメンバーを経験して強くなったと思いますけど、2期生でまだ選抜を経験していないメンバーたちは、やっぱりアンダーツアーのほうが大切というか比重が重いと思うんです。それは仕方がないけど、同期で深い関係になれないのは辛い』

7thシングル『バレッタ』で初選抜初センターに抜擢され、8thシングルから19thシングルまでの12曲中10曲で選抜している堀は、やはり2期生の間では群を抜いた存在だ。

『選抜とアンダーだと、極端に言えばテレビのレギュラー番組以外では顔を合わさないんです。だから私は2期生であって2期生じゃないというか、それがすごいジレンマになっていました』

同期の成長をすぐそばで感じるのではなく、少し離れた場所で見守ることしか出来ない。

それが堀と2期生の、偽らざる過去の〝距離感〟だった。

『だから今年の神宮で期別コーナーがあったのは本当に嬉しかったし、2期生として後輩の3期生はもちろん、先輩の1期生にも負けたくなかった。あの神宮をきっかけに、2期生の関係は180度ぐらい変わりましたね』

同期の活躍や成長を何よりも喜べる今が、堀にとって今までで一番幸せな時間に違いない。
そして、新たな絆を築き上げた彼女たちは、堀が誓うように――

『これからが2期生の時代』

――なのだ。

〝さゆりんごスマイル〟の裏側にある松村沙友理の〝乃木坂愛〟

『私、目の前の仕事はどんな仕事も一生懸命に頑張りますし、〝仕事には大きいも小さいもない、どんな仕事だって私を呼んでくださった大切な仕事なんだ〟――っていう意識は、これからもずっと変わらずに持ち続けるつもりです。

正直なところ将来に関してはかなりテキトー人間で、どこかで「そのうち〝絶対にコレ!〟っていうのが見つかればいいや」……としか考えてないから、〝あまり期待されたくない〟っていう性格でもあります』

自分のことを「テキトー人間」だと語る松村沙友理だが、その裏にあるのは「乃木坂46のメンバーと仕事上のライバルになりたくない」本音が。ガツガツと仕事をしていけば、やがてあるジャンルでメンバー同士がバッティングすることもあるだろう。松村はそれを避けたいのだ～

「少し言い方は悪いですが、多少イラッとさせる甘ったれ口調で好き嫌いは分かれるものの、彼女ほど優しい心の持ち主はなかなかいない。乃木坂ではかつて深川麻衣が〝聖母〟と呼ばれていましたが、松村もそれにまったく見劣りがしません」

松村沙友理についてこう語るのは、彼女がモデルを務める某女性誌スタッフ氏。

丸一日、朝から晩まで続くスチール撮影でも、

「嫌な顔一つ見せないどころか、あの〝さゆりんごスマイル〟をずっと保ったまま。普通に考えると、それだけでもかなり辛くなるはず」

――と、松村の仕事に対する取り組み方を絶賛する。

「ある時、ふと〝いつも楽しそうにしてるけど、しんどくないの？〟と尋ねたことがあるんです。すると彼女は『しんどい!? 何でですか？ 私はこんなに楽しいですよ』――と笑顔を返してくれた。でもその時、どこか彼女が無理しているようにも感じたんです」

そんなスタッフ氏の表情に何かを感じ取ったのか、松村は――

『やめてください！ 本当に楽しいんですから』

――と、笑いながらスタッフ氏の肩にツッコミを入れ、こんなことを語り出したという。

『私、目の前の仕事はどんな仕事も一生懸命に頑張りますし、〝仕事には大きいも小さいもない、どんな仕事だって私を呼んでくださった大切な仕事なんだ〟――っていう意識は、これからもずっと変わらずに持ち続けるつもりです。正直なところ将来に関してはかなりテキトー人間で、どこかで「そのうち〝絶対にコレ!〟っていうのが見つかればいいや」……としか考えてないから、〝あまり期待されたくない〟っていう性格でもあります。私を応援してくださる皆さんには、ぜひ長く温かい目で見守って頂ければ(笑)』

そして松村は続けて――

『それぞれの現場を思いっ切り楽しんでおきたいんです。出来れば乃木坂のメンバーとバッティングもしたくないいし』

――と、苦笑いで付け加えたそうだ。

「その時、初めて彼女の本音に触れることが出来た気がしました。彼女はいつも笑っていますが、その裏には〝乃木坂46のメンバーとは仕事上のライバルになりたくない〟――という想いを抱えていて、争いたくないからこそ〝テキトー人間〟を演じているのではないか……と。そしてそれは、彼女が誰よりも優しく、メンバーのことが大好きな証明でもあるのです」

あくまでもスタッフ氏の感じた〝松村沙友理評〟ではあるが、あながち間違ってはいまい。

あの〝さゆりんごスマイル〟の裏側には、誰よりもメンバーのことを思い、乃木坂46を愛する松村沙友理の優しい想いが隠されているのだ。

松村沙友理があえて選んだ〝最も辛い選択〟

『自分を客観的に見るのが苦手で、自己プロデュースがすごく下手なのが私。だからあの1年間は、〝これからの未来をちゃんと生きていくようにする、芽を出すための種を蒔く〟——そんな1年間にしたかったんです。結果を求めるよりも、まずは自分の経験値を増やすために』

～11ｔｈシングルから14ｔｈシングルの間、福神から外れていた松村沙友理。御三家の一人が福神落ちした理由は、言わずと知れた熱愛騒動。その期間をどう過ごしたかが、今の結果に繋がっているのだ～

松村沙友理本人にとっては、辛く厳しく、そして針のムシロの上に座らされるかのような、険しい日々だったに違いない。

しかし彼女はそこから〝逃げ出さなかった〟ことで、大きな財産と信頼を手に入れた。

『逆に乃木坂を辞めるほうが簡単だし、たくさんのスタッフさんやメンバーに迷惑を掛けた分、辞める選択肢のほうが正しかったかもしれない。でも私は辞めずに、どんなことでも受け入る道を選んだんです。あの時、その道を選ばなければ、決して成長することが出来ないから』

自分が起こしたことの責任を取り、信頼を回復すること。上辺だけの笑顔ではなく、心からの笑顔が自分に向けられるように。

そのためにはすべての悪口、噂話、雑言を甘んじて受け止めることしかなかったのだ。

『まいやんやみさみさ、もう辞めてしまったけどななみんたちは、「そんな不器用な生き方しか出来ないまっちゅんが好き」と言ってくれたし、生駒ちゃんは「私がまっちゅんを守る」――って。メンバーのその言葉を聞けたことで、私が選んだ道にも光が差すことを知れたんです。コツコツと努力を積み重ねていけば、きっとまた信頼を回復出来る』

もしかすると周囲は、松村自身が思うほど松村のことを〝悪く思っていなかった〟かもしれない。ならばもっと、楽な道を進んで来ても良かったかもしれない。

それでも堂々と、最も辛い選択をした松村だったからこそ〝今〟がある。
それは紛れもない事実なのだ。

山﨑怜奈が到達した〝自分らしく生きる〟ということ

『ある人に「それはアイドルあるあるだね」って言われたことなんですけど、頑張っても頑張っても報われない時、だいたいのメンバーが〝頑張り方がわからないループ〟に陥ってしまうんです。

何をやっても上手くいかない。でも自分では頑張ってるつもりだから、その怒りや焦りをどこにぶつけていいかもわからない。そして抜け出すきっかけを掴んだと思っても、結局は同じところを堂々巡りしているだけ。

私の場合、そんなことに時間を取られることのほうが無駄な気がしたから、最終的には「〝自分らしく生きる〟ことを心掛けるしかないじゃん？」――

って』

～乃木坂46のメンバーが増えれば増えるほど、当然、山﨑怜奈と同様の悩みを抱えるメンバーも増える。大所帯アイドルの〝あるある〟を、彼女はどのように克服したというのか――

3期生が加入し、一時的とはいえ乃木坂〝46人〟のメンバーになった乃木坂46。間もなく卒業の時を迎える中元日芽香と伊藤万理華の決断は残念ではあるが、しかし大所帯であるがゆえ、2つの椅子が空くことはチャンスでもあるのだ。

『これまで選抜入りしたことがない私ですが、ひめたんとまりっかの椅子が空く空かないは、まったく別の話ですからね。正直、単純に2人が卒業することは〝寂しいな～〟以外に、私ごときが語れるものはありません』

いささか自虐がすぎる気がしないでもないが、しかしそれを軽く口にすることは出来ない。

何より彼女は〝苦しんで苦しんで〟自分がどう頑張れば〝結果〟が出せるのか、それこそ何千回も自問自答したはずだから。

『〝あるあるネタ〟で片付けられた時は涙が出そうになりましたけど、頑張り方がわからなくなった後、人は〝居場所〟を探すんです。〝自分はここにいてもいいのか、ここに自分の居場所があるのか〟……を』

そして次に思い及ぶのは〝卒業〟の2文字。

しかし山崎は、そこは真っ向から否定する。

『何も成し遂げていないし、満足もしていない。そんな自分がチラッとでも〝卒業〟を思い浮かべるのは間違っている』

そして到達したのが、この領域だった。

『いろいろと考えること自体、まるっきり時間の無駄。〝自分らしく生きることを心掛けるしかない〟――っていうのが、最終的な私の結論ですね』

そうだ山崎怜奈！

君は君らしく、生きれば良いのだ。

若月佑美が連続して二科展にチャレンジする意義

『乃木坂46、そして欅坂46は世界観から来る作品性や物語性がグループの特色になってますから、私は芸術面で「お前の作家性が必要だ」――と認めてもらえるような、そんな存在になりたいですね』

2017年の二科展では欅坂46の佐藤詩織が初出展で初入賞の快挙を達成したが、その下地を作ったのは、間違いなく若月佑美。これまでの若月の実績がなければ、佐藤が出展することもなかったのだから。

「彼女は今年、また一皮むけたと思います。実はこれまでの中で、最も制作に悩んだ作品だったからです」

若月佑美とは「絵画やデザイン画だけではなく、彫刻の話もしたりする」と言う某アイドル月刊誌ライター氏は、自身も美術系大学の出身。今では趣味になってしまったとはいえ、ポップアートを描いて作品集を制作しているそうだ。

「彼女が素晴らしいのは、作品を制作することをやめないことです。二科展に3年も4年も連続入選していれば、芸能人としてはある程度の〝箔〟にもなっている。そこで5年目に落選する、6年目に落選するような事態になると、逆にその箔が剥がれてしまう。だから出展、入選経験を持つ芸能人は、あえて何年も連続で出展したりはしないんですよ」

確かに若月が――

『これまで決して楽しいばかりじゃなかった』

――と言うのも、そのプレッシャーに苛まれてのことだろう。

「〝5年連続〟は特別な壁を乗り越えた先の快挙で、そこで一息つきたくなるのが普通。それなのに彼女は、6年連続に挑むことを躊躇しなかった。あえて言いますがそれは、チャレンジする勇気を称えるとか称えないとか、そういう話じゃないんですから」

落選すれば、それまでの5年連続の価値が下がる――ということか。

しかし若月の真意は、このセリフで一目瞭然だろう――。

『二科展に6年連続で入選することが出来たのは、作品を出展する立場からすれば、何よりも嬉しいのが本当の気持ちです。ここまで続いたら〝今年もホッとしたでしょ?〟って意地悪な言い方をしてくる人もいますけど、入選するのは目標であって目的ではない。その違いがわからない人には説明のしようがないんです(苦笑)。乃木坂46、そして欅坂46は世界観から来る作品性や物語性がグループの特色になってますから、私は芸術面で「お前の作家性が必要だ」――と認めてもらえるような、そんな存在になりたいですね』

そう、彼女は乃木坂46にいるからこそ、自らの作家性をもって〝自分が乃木坂46のメンバーであること〟を証明しているのだ。

「先日、二科展の話を彼女としていた時、ふと彼女が『**楽しさよりも難しさを知れたことのほうが、自分を大きくしてくれた**』――と、ポツリと呟いたんです。彼女はメンバーでありながら、画の世界では一人で戦うしかない。その孤独さもまた、作家のエネルギーになるんですよ」

二科展へのチャレンジは、若月佑美自身をも成長させてくれたのだ。

そして次は7年連続入選――そして待望の初入賞を掴む番だ。

〝若様軍団〟を結成した若月佑美の本心

『私が〝若様軍団〟を作ったのは、真面目に頑張るメンバーを引っ張り上げたい、真面目を救いたいからなんです。

〝さゆりんご軍団〟〝真夏さんリスペクト軍団〟と同じで曲も頂けたし、後は私がこの3人とどんな絵を描いていくか。腕が鳴りますね』

～夏の全国ツアーの最中、突如として結成された〝若様軍団〟。軍団長の若月佑美以下、山下美月、阪口珠美、梅澤美波と名前に〝美〟が入る4人が、一気に乃木坂46の軍団界隈の頂点を目指す～

きっかけは「仙台公演のケータリング並びでの雑談」だったという、若月佑美率いる〝若様軍団〟。まず最初に山下美月が、そして阪口珠美が加入して3人になると、その後、大阪公演で梅澤美波が加わる。すると名古屋公演の頃には「替え歌でテーマ曲まで作っていました」と、この夏を機に一気に盛り上がった。

『まさかその流れで、19ｔｈシングルに軍団の歌が入ると思いませんでした。これは東京ドームで、一発かます勢いですよね(笑)』

『いつかできるから今日できる』のカップリング曲『失恋お掃除人』。

何と軍団結成から2ヶ月で、オリジナル曲がリリースされることになろうとは。

『まっちゅんの軍団も真夏の軍団も、オリジナル曲は1曲ずつしかもらってない。私たちの軍団は新人ではあるけれど、もし最初に2曲目のオリジナル曲を頂けたら、乃木坂の軍団界隈を制覇することが出来る。頂点からの景色、3人と一緒に見たいんですよ』

若月が軍団を結成しようと考えたのは、真面目にひたむきに頑張る後輩に、何とかして光を当ててやりたいから。

彼女は――

『真面目が損をする、バカを見るような乃木坂46ではあって欲しくない』

――と、力を込めて語った。

ちなみに〝さゆりんご軍団〟〝真夏さんリスペクト軍団〟と決定的に違うのは、若様軍団の軍団長にはアーティスティックな才能が溢れていること。

パフォーマンスのみならず、セルフプロデュースでの画期的な活動が期待出来るだろう。

渡辺みり愛が正面から向き合う〝アイドル道〟

『よくアイドルに否定的な意見を言う人は、すぐに「青春を犠牲にしている」とか言うじゃないですか？

私は中1で乃木坂46に入って、今年が最後のＪＫライフ。つまり部活や放課後の青春のすべてを、乃木坂46に捧げて来たんです。

もちろんそのことに後悔なんてしてないし、逆に「この道を選んで良かった。アイドル最高！」――って、心から思ってるんですよね』

～当時は中学1年生、2期生最年少だった渡辺みり愛も気づけば高校3年生で、中高6年間の学生アイドルを全うしようとしている。この6年間に一片の曇りもなく、胸を張ってアイドル道を歩んで来た彼女を、誰が否定するというのだろうか～

こう言ってくれるメンバー、すなわち真面目にアイドル道を全うしてくれるメンバーの存在は、我々も素直に嬉しい。

それは乃木坂46運営のスタッフのみならず、アイドルに関わる仕事をしている者ならば、誰だってそう思うに違いないからだ。

『私に対して〝中1で人生を決めるなんて早すぎる〟って笑う人もいましたけど、私に言わせれば〝一生の仕事を中1で選べた自分〟を誇りに思ってます。もしこの先、何年か後に乃木坂46がなくなったとしても、私はずっと芸能界で頑張っていきたいです』

ここまできっぱりと言われると、何よりもファンの皆さんが安心するだろう。

渡辺は、さらにこう発言している。

『別にこれは悪口じゃないけど、乃木坂以外のアイドルさんとたまに会って話をすると、「平日はＪＫとして青春を楽しみながら、週末はアイドルとして活動するスタイルが理想的」――って言う人もいる。それは私には無理だし、アイドルには平日も休日もない。だってファンの皆さんは、そうやって頑張る私を応援してくださっているんですから』

見事なまでに筋の通った渡辺の意見。

ここまで正面からアイドルと向き合い、ブレない気持ちを持っていたとは。

そんな彼女には、誰よりもまずは選抜入りで報われて欲しいと願う。

『でも別に、選抜入りがすべてだとは思ってませんからね（笑）。いつか選抜でキラキラと輝くことを目指してはいますけど、アンダーにはアンダーの使命や役割がある。私はちゃんと、それを見つけて進んでますから』

きっと、これからの2期生の躍進を支えるのは堀未央奈や新内眞衣などの選抜組ではなく、アンダーから巻き起こる〝渡辺みり愛旋風〟に違いない——。

和田まあやが心配する〝チューリップ〟の問題点

『かずみんも番組で言ってたけど、ウチらの集まりはすごくテキトーで、全員がキッチリ揃ってお泊まり会をしたことないんです。

だから生ちゃんが体験入会じゃなく新たに入会してくれたのはスゴく嬉しいけど、誰よりも忙しい生ちゃんがお泊まり会に来てくれるのか、それがまず心配ですよね。最初は仮入会で様子見てもいい気もするし。

あっ、ちなみに言わなくてもわかっているでしょうけど、日村さんの加入はネタですからね（笑）』

～乃木坂46の最古参グループ・チームDを母体に、チューリップ好き（?）の和田まあやの加入とともにパワーアップし、チーム名も〝チューリップ〟へと華麗にバージョンアップ……と言いたいところだが、実のところ実体は「ないに等しい」との声も?～

東京ディズニーリゾートをこよなく愛するメンバーの集まり、その名も〝チームD（ディズニー）〟。さゆりんご軍団や真夏さんリスペクト軍団と違い、単なる趣味の集合体という特色もあり、正確な結成時期は諸説あるものの、乃木坂46最古参のプライベートチームであることは間違いない。

『最初のメンバーは川後陽菜、川村真洋、斎藤ちはる、高山一実、能條愛未の5人。そこに私が加わって6人になったところで、いつしか名前も〝チューリップ〟になったんです』

ちなみに新加入した生田絵梨花には体験入会の時期があり、お泊まり会での〝人狼ゲーム〟を夜通し楽しんだそうだ。

『私のチューリップ好きがチームの名前になったとか言われると、変なプレッシャーを感じますよね。それにわざわざ番組で取り上げられたりするから、ちゃんと活動しなきゃいけない義務を感じる。本当はもっとテキトーに、〝今日泊まりに行くよ〟〝OK〟〝人狼でもやる？〟〝OK〟〝このままディズニーに遊びに行っちゃおう！〟〝OK〟みたいなノリが楽しいのに』

完全に和田まあやのペースというか、〝ザ・まあや〟そのものだ（笑）。

『あと一つ問題なのは、チューリップには〝まっちゅん〟や〝真夏〟、それと最近出来た軍団の〝若月〟みたいな、軍団長に相応しいメンバーがいないことなんですよ。誰か軍団長がいればチームも締まるし、次に何をやるかも決まるじゃないですか？　だったら生ちゃんでもいいけど、生ちゃんは誰よりも

忙しいから……』

これはほぼ自然消滅、あるいは〝斎藤・高山・能條〟の仲良しトリオが新チームを結成するか。

いずれにしても日村勇紀が〝絶対的な入会条件〟に挙げていた〝混浴〟は、残念ながら実現しそうにない――。

3期生

伊藤理々杏が感じた〝今の自分がまずやるべきこと〟

『18thシングルの選抜発表でスタジオに呼ばれた話はみんなしてると思うんですけど、とにかくそれまでに経験したことがないぐらい空気が張り詰めていて、1期生の先輩たちまで緊張感が凄かったんです。

先輩たちはこれまで、17回もこの場所で戦って来たのかと思うと、そう簡単に「次は私が選抜に入る」とか、「同期には負けたくない」とか、言っちゃいけないことを思い知りました。

まずそんなことを考える前に、選抜に相応しい自分になれるように頑張るのが先』

～「齋藤飛鳥さんのように、見てくれてる人に笑顔と幸せ、希望を与える人になりたい」と語る伊藤理々杏の目標は、紛れもなく〝選抜のセンター〟。しかし今はそのセリフを飲み込み、先にやらなくてはならないことがある～

他の3期生が大園桃子と与田祐希の選抜入り、それもWセンターの快挙に複雑な表情を浮かべて涙を見せる中、伊藤理々杏はまったく別次元の考えを巡らせていたと聞けば、やはり驚かざるを得ない。

『そんな、別次元なんて言われると困っちゃうんですけど、ただ先輩方の緊張感や張り詰めた空気を目の当たりにしていたら、3期生の誰が選抜に入るかとか、すごく小さいことに思えて来たんです。だってその時までこの状況を17回も経験して、それでもまだあんな緊張感になるとは、テレビを見ていただけじゃとても感じられなかったですから』

沖縄からアイドルになるために、それも自分に幸せをくれた齋藤飛鳥のような存在になるために上京して来た伊藤。

新幹線で東京に出て来られる東北や東海、関西から上京して来たのとは覚悟が違って当たり前。目の付けどころだって当然のように違うだろう。

『もちろん桃ちゃんと与田ちゃんがセンターになったことは、私だって他の3期生と同じように驚きましたし悔しかったですよ。でもその前に、あの先輩たちを見て何も感じないのは、私にとっては逆に不思議です』

伊藤の——

『(先輩たちが)17回もこの場所で戦って来たのかと思うと、そう簡単に「次は私が選抜に入る」とか、「同期には負けたくない」とか、言っちゃいけないことを思い知りました。まずそんなことを考える前に、選抜に相応しい自分になれるように頑張るのが先』

——のセリフを、同期の3期生たちはどう聞くだろうか。

伊藤理々杏にこの覚悟がある限り、いずれは〝選抜に相応しい自分〟になれるに違いない。

岩本蓮加が果たそうとする〝3期生としての責務〟

『この1年で私、集中力がすごく進化したと思うんです。苦手な振り入れも集中したらすごく早く覚えられるようになったし、学校の勉強や宿題も乃木坂の活動と両立させて集中したら、すごくはかどるようになったし。それと集中力を発揮するのは学校やお仕事だけじゃなく、移動車に乗った時にも役に立つって知ってました？　集中して「よし寝よう！」と決めたら、移動車が動き出して3秒後に眠れるようになりました（笑）』

～現在、乃木坂46メンバー最年少、2004年2月2日生まれの岩本蓮加。13才の中学2年生にとっての〝集中力〟は様々な使い道があるようだ～

オーディションに合格した時は中学1年生だった岩本蓮加。

この岩本にせよ、2期生の渡辺みり愛、伊藤純奈あたりにせよ、乃木坂46運営が低年齢のメンバーを合格させる際は、いかにも年齢に似つかわしいルックスを合格させるのではなく、大人びた表情で5年後のルックスまで想像出来るような、そんな審査基準があるとしか思えない。

『自分が年齢的にどんなファン層に指示されているか、きっと普通に想像というか予想したファン層とは違うと思いますよ。だって私、全然13才っぽくないもん(笑)』

岩本がそう言うのも、そこに「年齢とパフォーマンスは別」だという自負があるからだろう。

さらに付け加えると、乃木坂46オーディション史上最多、応募総数48,986人から選ばれた12名の中の1人というプライドは、そう易々と打ち崩せないほど強固に違いない。

『私たちは乃木坂46が大ブレイクしていく過程を見て来た世代だから、その3期生としてオーディションに合格したことを、何よりも特別だと思ってますよ。でもそれは自分たちが偉いとか凄いっていう意味じゃなくて、先輩たちに対するリスペクト。そんな先輩たちの、自分たちは後輩だから』

さすがまだ中学2年生なりの言い回しだが、彼女が伝えようとしている気持ちはわかる。

そして必死に、日々磨きをかけた集中力で、3期生としての責務を果たそうとしていることも。

『私が高校生ぐらいになった時、3期生が〝乃木坂46の最強世代〟と呼ばれるようになっていたい』

現在の3期生四天王を凌駕するのは、この岩本蓮加と伊藤理々杏、3期生の年少コンビかもしれない——。

梅澤美波が手に入れた新しい〝武器〟

『『見殺し姫』が終わった後、観に来てくれた友だちやスタッフさんに「凄く舞台映えしていた」——って言われたんです。それは単に身長が高いだけかもしれないけど(苦笑)、その言葉を聞いた時、自分が新しい武器を持てたような気がしたんです。3期生では久保ちゃんがSeventeenのモデル、与田ちゃんが写真集とグラビア系のお仕事を始めてますけど、来年はそこに私も加わっていきたい。昔はコンプレックスだった身長を、これからは武器にして』

〜身長170㎝、乃木坂46では一番の高身長を武器に、梅澤美波は本格的な舞台女優、グラビアモデル、そしてファッションモデルへと夢を膨らませる〜

乃木坂46のイメージを〝アイドルの予備知識がない〟一般男性に尋ねると、決まって「清楚なモデル系」「スタイルが良く高身長」「今までのアイドルと違ってお洒落」……などの答えが返って来る。

しかし、それらの要件を十分に満たしているかどうか、冷静に分析すると実際には〝そこまででもない〟ことも含まれている。

それが〝乃木坂46は高身長〟というイメージだ。

『正直、私もレッスン場で先輩たちと一緒になった時、意外に小さいことに気づきました。でも衣裳はヒールが高いし、何よりも皆さんには、体を大きく見せるオーラがありますから』

国際的に活躍するファッションモデルはさておき、日本のファッション誌のモデルでも身長170㎝で平均的と言われる昨今、現在、専属ないしレギュラーモデルを務める10人のメンバーを並べてみると、白石麻衣の162㎝をはじめ、齋藤飛鳥（158㎝）、西野七瀬（159㎝）、松村沙友理（164㎝）、川後陽菜（161㎝）、北野日奈子（158㎝）、衛藤美彩（163㎝）、堀未央奈（160㎝）、久保史緒里（159㎝）、桜井玲香（155㎝）で、平均身長は159.9㎝でしかない。

そう、少々厳しいことを言うようだが、イメージでは〝高身長のモデル系〟が揃っている乃木坂46の中で、その条件を満たしているのは、梅澤の他には彼女と同じ3期生で、身長167㎝ながらまだ高校1年生で成長が期待出来る中村麗乃ぐらいしかいないのだ。

『今、坂道シリーズで170㎝を越えているのは、欅坂46の土生瑞穂さんの171㎝と、170㎝の私、2人しかいないんです。正直、アイドルとしては170㎝より高いのは圧倒的に不利だけど、きっと土生さんも私と同じように、アイドルだけをしたくて坂道に入ったわけじゃないと思うんです。私にとってはその〝初心〟を、今回の『見殺し姫』は思い出させてくれました』

梅澤は来年から、その身長を売りに〝グイグイと前に出て行くつもり〟だと語る。

『若様軍団に入れて頂いて、スポットライトが当たるチャンスも掴めた。でもそこからは、自分に魅力がなければ誰も〝見つけて〟はくれませんからね。だから武器にするんです。こんなに見つけやすい、一番の身長を』

ちなみにすでにファンの間では、梅澤美波はその高身長のみならず、正統派の〝美貌〟でも見つかっているのだが。

最高の〝武器〟を手に入れた梅澤は、これからさらにその武器に磨きをかけ、眩いばかりに輝いていくことだろう――。

大園桃子がまだ描き切れないでいる〝明確な目標〟

『私には芸能界での具体的な目標がないというか見つかってなくて、今は目の前の仕事や課題に精一杯取り組むことしか出来ないんです。だから先輩はもちろん、私以外の3期生メンバーが「将来はこうなりたい」って言うのが、すごく羨ましくて……』

3期生の暫定センターに指名され、与田祐希と共に同期の一番出世でもある乃木坂46シングル選抜メンバー入り、それもWセンターに抜擢された大園桃子。しかし周囲の期待や注目に肩透かしを食らわせるように、本人はいたってネガティブ。まだ自分が持っている〝高いポテンシャル〟に気づいていないようだ。

「実は謙虚な性格でも謙遜しての一言でもなく、本人はガチでそう思っているだけの話なんですよ。僕らが〝そんなことないよ〟と言っても、彼女は**『都会には騙されない』**——なんて返してくるし（苦笑）」

日本テレビ系『NOGI-BINGO!』シリーズ制作スタッフ氏は、収録現場で〝最も扱いにくい3期生〟を、

「それは大園桃子以外にいません」

――と、苦笑い混じりで明かす。

「結局は〝ネガティブ〟という言葉が一番近いのですが、自分のルックスやポテンシャル、現在のパフォーマンスに至るまで、どれ一つとして『私なんか全然ダメ』――と言うんです。しかもネタでもなく、さっきも言いましたがガチの本気で。とてつもなく自信過剰のナルシストはイジれても、逆に大園のパターンは怖くてイジれない」

仮に〝好き嫌い〟があったとしても、大園のルックスを〝平均ないし平均以下〟とジャッジする者は、天の邪鬼以外の何者でもあるまい。言うまでもなく〝豊作〟の3期生で、秋元康プロデューサーをはじめとする〝アイドル作りのプロ〟が、暫定センターに認めた逸材なのだから。

『私には芸能界での具体的な目標がないというか見つかってなくて、今は目の前の仕事や課題に精一杯取り組むことしか出来ないんです。だから先輩はもちろん、私以外の3期生メンバーが「将来はこうなりたい」って言うのが、すごく羨ましくて……。そんな私なのに、たまに街で見つかって

声をかけてくださる方もいて、そのたびに不思議な気持ちと申し訳ない気持ちになるんですよね。〝こんな私に〟……って』

大園の〝不思議な気持ち〟と〝申し訳ない気持ち〟とは――

『まだまだ何も出来ないし、何の取り柄もない私に声をかけてくださる方がいるのが不思議で、それなのに大きな仕事でお返し出来ないのが申し訳ない』

――ことだと語る。

「そんなことを本気で考えている彼女だからこそ、逆に周囲やファンは注目せざるを得ないんですよ。こちらの想像をはるかに超えて、何かとんでもない結果を残してくれそうで。もちろん〝良い結果で〟ですよ」

いかにも〝大物〟のオーラを纏っている大園桃子。

何か一つのきっかけで弾け、そして本人が明確な目標を描いた時――乃木坂46の黄金期は盤石のものとなるだろう。

大園桃子が変わらずに持ち続ける〝大らかさ〟

『私は鹿児島にいてアーティストさんのこととかほとんど知らないので、東京ドームでコンサートをやることの凄さも知らなかったんです。だからみんなに合わせて「ヤッター！」って言ってただけで、きっと本当の価値は本番やリハーサルまでわからないと思うんですよね（笑）』

～この大らかさが大園桃子の魅力。鹿児島生まれ、鹿児島育ちの原石が開花するのは〝都会に慣れた時〟などでは決してなく、このままの彼女でいてくれてこそ——だ～

地元鹿児島の高校で、1学年上の先輩たちに「乃木坂の3期生オーディション受けなよ」と、半ば強制的（？）に応募させられた大園桃子は、あれよあれよという間に最終オーディションも突破。3期生の暫定センターに指名されると、加入して1年の間、18ｔｈシングル『逃げ水』で与田祐希とのWセンターに抜擢されるなど、あまりにも順調なアイドル人生を歩んで来た。

『すごく恵まれていることはわかりますけど、ずっと〝何で自分が？〟……という思いは消えません。与田ちゃんだけじゃなく、美月や久保ちゃん、理々杏、葉月、その他3期生の全員、私にはないものを持っているんですから』

みんなが持っておらず、大園だけが持っているもの。

それは、やはり圧倒的な〝おバカキャラ〟……!?

『おバカは冗談にならないから本当に困ります。だって勉強だけじゃなく、常識的なことに関しても〝何も知らない〟と思われるのは、結構しんどいスから（笑）』

そう言って笑う大園だが、しかしさすがに〝東京ドームでコンサートをする価値〟にピンと来ないのは、本人が言うように〝常識的なことに関しても何も知らない〟ことを証明してしまったような気も……。

『鹿児島に東京ドームがあれば、私にだってわかりましたよ。でもどうせなら東京ドームだけじゃなく、他のドームでもコンサートがしたいですね。安室奈美恵さんが〝5大ドームツアーをやる〟って、

芸能ニュースになってたから』

ちなみに言うまでもなく、大園は残る4大ドームがどこを差すのかを理解していないらしい。

それどころか、そこに東京ドームが入っていることも知らない疑惑も、あるとかないとか……。

それもまた大園らしくていいではないか。

その大らかさが彼女の魅力なのだから——。

久保史緒里が同期に対して抱いている〝プロ〟としての高い意識

『3期生に山下がいてくれて、本当に良かったな〜と思ってます。
私と同じ考え方のメンバーがいてくれたから。
私は3期生の全員が大好きですけど、それは〝友だち〟としてじゃない。
12人が横一列に並んで、手を繋いでゴールテープを切る関係じゃない。
お互いに高め合うための同期であって、庇い合う間柄じゃない。
山下とは口に出さなくても、それが共通の認識なんです』

久保史緒里が2学年上の山下美月を「山下」と呼べるのは、それだけ2人の関係が〝濃い〟証拠。この2人に大園桃子、与田祐希を加えた〝3期生四天王〟が切磋琢磨することで、3期生の将来、乃木坂46の未来が決まる。

「3期生は、まず大園が3期生センターに抜擢され、続いて同じ九州出身の与田が〝野性児キャラ〟で注目を集める。すると『3人のプリンシパル』で、久保と山下が頭一つ抜き出る――と、この4人の存在感が3期生人気を引っ張って来ました。さらに握手会人気では梅澤美波、伊藤理々杏が一角に食い込む勢いを見せ、舞台『見殺し姫』も当然のように完売。正直なところ2期生を食って、1期生の背中を追いかけるのは彼女たちしかいません」

日本テレビ系『NOGI-BINGO!』シリーズに関わる日本テレビ関係者氏がそう話すように、テレビ界や広告業界、あらゆるメディアの注目が今、3期生に集まっている。

現在、その3期生を引っ張る〝四天王〟のうち、

「乃木坂46がブレイクした最大の要因、〝清楚なモデル系ルックス〟を引き継ぐのは彼女しかいない」

――と言われているのが、久保史緒里だ。

「彼女は現在、『Seventeen』誌の専属モデルを務めています。この雑誌のモデルがどれほど中高生女子の注目を集めているか、それは彼女以外の専属モデルを見れば一目瞭然です」

――日本テレビ関係者氏の言葉通り、広瀬すず、永野芽郁、三吉彩花らと並び、誌面に登場している久保。

これまでに48グループ、坂道シリーズでSeventeen誌の専属モデルを務めたメンバーはおらず、業界的には、

「乃木坂46の中でのモデルの格で言えば、ｎｏｎ-ｎｏの西野七瀬、ＣａｎＣａｍの松村沙友理、Ｒａｙの白石麻衣と同格。世代が違うだけ」

――と言われるほどの、高い商品価値を誇っているのだ。

しかし、いくら久保の才能がギョーカイ人に認知されているとはいえ、実際には乃木坂46の活動を始めて1年の新人。その期待に押し潰されたり、逆に浮かれて調子に乗ってしまうことはないのだろうか。

これについても先の関係者氏は言う。

「久保本人はもちろん、久保とのペアリングで〝くぼした〟と呼ばれる山下美月をはじめ、すでに3期生は高いプロ意識を持っています。今は4人が目立っていますが、他のメンバーもじっくりと爪を研いでますよ」

久保が語った――

『私は3期生の全員が大好きですけど、それは〝友だち〟としてじゃない。12人が横一列に並んで、手を繋いでゴールテープを切る関係じゃない。お互いに高め合うための同期であって、庇い合う間柄じゃない』

――のセリフなど、まさにその象徴。

48グループが〝後継者教育〟に失敗して衰退していく中、坂道シリーズはそれを反面教師に、3期生を育て上げてくれるに違いない。

久保史緒里をはじめとする3期生が今後どれだけ成長していくのか、それを考えるだけでワクワクするではないか――。

久保史緒里が気づかされた、3期生が持っていた〝チーム〟としての意識

『桃ちゃんと与田がセンターに選ばれた後、もっと3期生の間がギスギスすると思ったんです。それまではどの現場でも〝同期〟の括りだったのに、センターとアンダー、ピラミッドの頂点と底辺に振り分けられたんですから。

でも〝ライバル心を燃やすためには、気まずくなることも必要だったんじゃないかな？〟――って』

～結果的にはギスギスどころか、より一層支え合う関係に発展した3期生たち。久保史緒里がそこで知ったものは、仲間としてのメンバーの意識の高さだった～

3期生の中でも有数の〝乃木坂46ファン〟だった久保史緒里は、その時、それまでテレビで見て来たシーンが目の前で起こったことを、まるで他人事のように捉えていたという。

『ただのファンだった頃、〝選抜、福神、センター〟――って順番に発表されていくに従って、先輩たちの表情が不安だったり心配だったり、いろいろと変化するのを見て来ましたからね。18thシングルで初めて3期生が見学ではなくスタジオに呼ばれて、みんなは〝(誰か選ばれる!?)〟……と感じてましたけど、私は〝(あの場所に立ち合えるんだ!)〟――ってほうにドキドキしてました』

さすが『乃木坂46時間TV』を一睡もせずに見ていたガチヲタだけあるが、いずれにしろ久保には「自分ではない」確信めいたものもあったらしい。

『今の自分が選抜に入っても、新しい風を吹かせることは出来ない。スタッフさんがそれをわかっていないわけがない』

――そう感じていたという久保。

焦ることはない。いつか自分が選抜に、そのポジションに相応しい実力が身についた時に、堂々と奪えば良いのだから。

『2人が選抜を超えてWセンターに抜擢されて、3期生全員が自然に〝2人を支えなきゃいけない〟気持ちで固まったことは、少し驚きでもありました。先を越された悔しさで泣く子もいると思ってた

から。でも私たちはそれぞれ、〝今やらなきゃいけないこと〟がわかっていた。みんな、チームとしての意識をしっかりと持っていたんです』

それは久保にとって、仲間に対する新鮮な〝発見〟でもあったのだ。

阪口珠美が心に誓う〝自分がお手本になる〟目標

『乃木坂46を目標に、中学生の時にアイドル活動を1年半ぐらいやってたんです。その頃、2期生さんからずっとオーディションがなくて、私なんかは乃木坂46にはなれなくても、目標は高いところに置きたいじゃないですか？そうして頑張っていたら3期生のオーディション募集が始まって、絶対に無理だと思いながらも受けました。〝いつか私もあの頃の私にとっての樋口さんのように、アイドルを目指す子の目標になりたいな〜〟って。それにはお手本になれるだけの高い意識が必要ですよね』

〜テレビで見た樋口日奈に憧れ、自分もアイドルへの道を歩み始めた阪口珠美。その話自体はよく知られてはいても、「次は私が樋口さんになる」目標を掲げていることは、あまり広くは知られていないだろう〜

乃木坂46は1期生オーディションから、いわゆるロコドル（地方アイドル）やスクール生が多く集まっている。逆にそういうメンバーのほうが早く卒業したりしているが、衛藤美彩や和田まあやなど、ずっと頑張っているメンバーもいる。

『私は樋口さんに憧れては来ましたが、たとえば衛藤さんがインディーズアイドルから選抜の福神に定着された姿を見て、〝インディーズアイドルでも乃木坂の中心メンバーになれるんだ！〟――と、オーディションを受けるモチベーションになったのも事実です。衛藤さんのようにお美しいかどうかとか、とりあえずそれは抜きにして（苦笑）』

〝自分はインディーズアイドルや地下アイドルとして活動した経歴があるから、乃木坂46のような超メジャーアイドルにはなれない〟……などと怖じ気づく必要はないと、衛藤の存在が教えてくれていたわけか。

『AKBさんはインディーズの子たちが目指すグループじゃなく、ほとんどがそういう活動歴のない子が目指すグループ。それはAKBさんは毎年のように研究生さんが増えていって（※現在は16期生まで）、しかもドラフト生が別にいる。だから軽い気持ちで受けられるのもあるんです』

インディーズアイドルの活動がハンディにならないのであれば、めったに開催されない乃木坂46オーディションを目指し、実力を蓄えるのも一つの手段。

阪口が中学生ながら明確に〝乃木坂46を目標に頑張っていた〟のは、「自分たちが乃木坂46のようなアイドルになる」ことを目指していた意味と、「乃木坂46のメンバーになる」ことを目指していた意味と、そのどちらとも受け取れる。

『その頃は〝いつか必ず3期生を募集する〟と思ってましたから、本音を言えば〝乃木坂46のメンバーになるため〟に活動していた気持ちのほうが強かったかも』

〝乃木坂46でアイドルになる〟――その強い意思を叶えた阪口だからこそ、活動に対する意識は強い。

『私の夢を叶えてくれた乃木坂46に対する恩返しは、〝今度は私がオーディションを受ける子のお手本になること〟――そう信じて頑張るしかない』

ルックスからは想像が出来ないほど、芯の強さを誇る阪口珠美。

彼女のようなメンバーがいれば、乃木坂46はこれからさらに輝きを増していくに違いない。

佐藤楓が考える〝3期生の中での自分のポジション〟

『悔しいけど今の3期生は、高校生が引っ張っているのが現実ですよね。桃子、美月、与田、史緒里。ちゃんと1学年ずつ分かれていて、その下には理々杏、蓮加もいる。3期生12人のうち高校生以下が9人だから、彼女たちが中心なのは当たり前かもしれない。でもだからといって、年上組が何もしないと思ったら大間違いですよ！　私も綾乃も美波も、脇役になるためにオーディションを受けたわけじゃないんですから！』

～名古屋の大学に通いながら、3期生の活動を両立させている佐藤楓。来年は成人式、そして早生まれの彼女も20才になる。ここで逆襲を狙わねば、いつ狙うのか？　佐藤は今の自分の3期生内でのポジションをどう考えているのだろう～

年齢差のある同期メンバーでスタートした場合、割りを食うのは最年長と最年少というのはアイドル界のデフォルト。

初期こそ最年長がまとめ役になるが、エース扱いされることは少ない。また最年少は妹キャラとしては可愛がられても、フォーメーションのセンターに据えられることは稀。象徴的な例外は欅坂46の最年少センター、平手友梨奈ぐらいか。

『最終オーディションの時から、内心では年下の子たちの可愛さに圧倒されてました。すっごいキラキラしていて、アイドルになるべくして集まって来た感じ。別に年上組が可愛くないって意味じゃありませんよ(笑)』

こんな時、出来るだけ早い期間でアドバンテージを得なければ、この先ずっと、年下メンバーの後塵を拝することになる。

しかし佐藤はそこで――

『まず3期生の中で争うのではなく、〝対先輩たち〟という意味で、3期生の存在感を強くしたほうが良いのではないか』

――という考え方にシフトしたそうだ。

『ずっとアイドル好きでしたから、どのグループにも1期生以外の象徴的な〝期〟が生まれることを

知っていましたから。たとえばＡＫＢさんなら9期生、ＳＫＥさんなら3期生。その期を引っ張るメンバーが出て来たら、他の期が霞むぐらい活躍する』

ＡＫＢ48の9期生には島崎遥香、ＳＫＥ48の3期生には木崎ゆりあという〝同期のエース〟がいて、そこに続いたのがＡＫＢでは2代目総監督の横山由依、ＳＫＥでは2年連続で総選挙神7の須田亜香里。

佐藤は「3期生に絶対的なエースが出現する」と確信していたのだ。

『ちょっと計算外だったのが、エース候補が4人も出ちゃったこと。想定ではエースが1人生まれた後に、年上組がフォロー役で続くはずだったのに(苦笑)』

こうなったら1人だろうが4人だろうが構わない。

佐藤楓はその日に備え、準備を怠らないようにするだけだ。

中村麗乃が超えようとする〝同級生2人〟の高い壁

『史緒里と珠美、そして私が〝高1トリオ〟なんですけど、2人がすごくデキる人たちだから、本当にもう、2人を目標について行くしかないんです。

私には自分の強味や役割がよくわからないし、たとえばお芝居だったら史緒里を先生に。アイドルだったら珠美を先生に見習っているんです。

私も一応、珠美のようにインディーズでアイドル活動をしていたけど、そもそも珠美とは目標や意識がまったく違っていた。

史緒里のお芝居は、言う必要がありませんよね（苦笑）』

〜3期生のSHOWROOM審査ではエントリーNo．1を引き、何にせよ最も目立つ番号を手繰り寄せた中村麗乃。ファンの評価は〝遅咲きのプリンセス〟といったところだが、彼女が感じているプレッシャーとは？〜

ブレイク前からAKB48を知っているアイドルヲタクからは、〝これまでに唯一、研究生（7期）の立場から16人選抜に抜擢された小森美果（2013年8月卒業）〟似のルックスやスタイルが話題になった中村麗乃。

彼女の持つポテンシャルの高さは、〝（失礼ながら）小森など足元にも及ばないほど素晴らしい〟と誰もが認めるものの、残念ながら3期生の中では中位人気以降に甘んじているのが現状。

その理由の一つに挙げられているのが、彼女の控え目すぎる性格だった。

『別に控え目でいたいわけじゃなく、もっと前に出なきゃチャンスをもらえないこともわかってます。でも、どうしても同級生トリオの2人と自分を比べちゃって、足が前に出て行かないんです』

今や3期生のみならず、〝乃木坂46を代表する透明感の持ち主〟と評されながらも、一旦その役柄に入り込むと天性の芝居勘を発揮する久保史緒里。乃木坂46のオーディションを受ける以前からインディーズでアイドル活動を行い、その当時から目標を乃木坂46に置いていた阪口珠美。

そんな同級生の2人に対して自分は――

〝何となく乃木坂46に入れれば選択肢が広がり、夢が叶うんじゃないか〟

……と、ぼんやりとした目的しか持っていなかった――それが中村にとって、重くのしかかるプレッシャーになっていたのだ。

『でも逆に言えば、同級生トリオの2人に勝てれば私がどれだけ成長したのか、ファンの皆さんにもわかりやすく感じてもらえると思うんです。自分に具体的な目標がなければ、史緒里と珠美を超えることを目的にすればいい。そう思いついた時にすごく心が軽くなって、ヤル気がめっちゃ湧いて来たんですよ（笑）』

同期が2人ではなく3人の場合、どうしてもその中の一人が出遅れてしまう関係は、一般社会でもよく見かける構図だ。

そして必ずとは言わないが、出遅れながらもコツコツと頑張る〝3番手〟が、いつしかトップに立ったり大きな仕事をやり遂げることも、お決まりのパターンと言えるだろう。

焦る必要など何もない。自分を信じて進んで行けば、〝3番手の法則〟にピッタリと当てはまる、そんな自分と会えるに違いないのだから——。

向井葉月が追いかけたい〝秋元真夏の背中〟


『乃木坂46に入るまでの私は、学校では〝ニコニコ〟ではなく〝ヘラヘラ〟しているキャラで、笑顔を褒めてもらうことなんてまったくなかったんです。

でも3期生になれて、同期のメンバーや先輩たちから「葉月の笑顔が好き」――って言ってもらえて、ここでは笑顔の〝キラキラ〟キャラに生まれ変わることが出来た。私をアイドルにしてくれただけじゃなく、もの凄い自信をつけさせてくれて、人生まで変わった。

私はそんな乃木坂46のために、これからの命を捧げます』

～向井葉月に限らず、乃木坂46で人生が変わったメンバーたちは、多かれ少なかれ同じような気持ちに違いない。そして向井のようなメンバーが、悩み苦しむ少女たちを救うのだ～

アイドル界では屈指の〝顔面偏差値〟を誇る乃木坂46のオーディションを受けたクセに、ルックスにはまったく自信がないという向井葉月。

『自信なんかあるわけないじゃないですか！ 史緒里や理々杏を見てくださいよ。〝向こうが透けて見えるんじゃない!?〟……みたいな透明感、私なんか比べ物になりませんから』

しかし名指しされた久保史緒里や伊藤理々杏に言わせると、3期生の最終オーディションでほぼ素っぴんの向井を見た瞬間——

『全国からはこんな可愛い子が集まってくるんだ……』

——と、自信をなくすほどの衝撃を受けたらしい。

『それは2人が緊張のあまり、ちゃんと前が見えなかっただけの話ですよ。私に言わせれば2人をはじめ、眩しいぐらいのオーラを放つ子ばかりでしたから』

そんな向井は3期生の〝バラエティ担当〟の扱いを受けたことで、ネガティブな人生を一変させることが出来たと話す。

冒頭のセリフがまさにそれ。

『3期生のお笑いキャラ的な扱いで先輩方や同期が絡んでくれて、それが大きな自信に繋がりました。笑顔が苦手な私が、心から笑えるようになれた。もし乃木坂に入らず、今も一般の高校3年生のまま

だったら、確実に人混みに埋もれる人生でした』

どうせ〝バラエティ担当ならば〟と、秋元真夏の背中を追いかけたいと語る向井葉月。

そして――

『真夏さんと同じように、『ダウンタウンDX』で浜田さんに頭を〝パシーッ！〟と叩かれたい。

真夏さんが叩かれた後、ネットでは〝よくやった秋元!!〟――って大評判だったんですから』

――と笑う。

その夢、1日でも早く叶うように祈ろう――。

山下美月が打ち明けた〝大園桃子・与田祐希Wセンター〟への正直な想い

『桃ちゃんと与田がWセンターだった『逃げ水』がテレビ初お披露目だった時、久保ちゃんと話して「一緒に見ようね」って、私のウチで見たんです。最初はワクワクして待ってたんですけど、いざ始まったら2人とも涙が止まらなくて。

感情が溢れるっていうのは、ああいうことなんですね』

山下美月がWセンターの2人を心から祝福し、そして支えて来た気持ちに嘘はない。しかし人間は誰しも、表には出ない感情を抱えて生きるもの。その感情が溢れ出すことは、決して恥ずかしいことではないのだ。

「簡単に〝その気持ちがわかる〟なんて言ったら、逆に山下と久保に失礼な気がしました。でもそれを表に出せる、公言出来る彼女は、同時に容易には手に入らない強さも得たと思いますね」

日本テレビ系『NOGIBINGO!』シリーズを担当するプロデューサー氏は、新しいシリーズが始まる前に3期生と面談し、山下美月から〝笑顔で〟その話を聞かされたという。

「前回、3期生メインのシリーズをオンエアしてから、彼女たちは3期生ライブや全国ツアーなど、また新しい経験をしていますからね。今回、『見殺し姫』の稽古期間と収録スタートが被ったので、その時点では3期生の出演は未定でした。ただ、成長度合いだけは把握しておきたかったんです」

そうして行われた面談で山下の口から語られたエピソードに、プロデューサー氏はいたく感銘を受けたそうだ。

『桃ちゃんと与田がWセンターだった『逃げ水』がテレビ初お披露目だった時、久保ちゃんと話して「一緒に見ようね」って、私のウチで見たんです。最初はワクワクして待ってたんですけど、いざ始まったら2人とも涙が止まらなくて。感情が溢れるっていうのは、ああいうことなんですね。久保ちゃんとはそんな時も含め、ほとんど同じ方向を見て歩いています。そして久保ちゃんと同じ方向を見ていけば、私たちは絶対に間違わない』

――その時の面談でこう語ったという山下。

本当ならば、口が裂けても言いたくなかったことに違いない。

「坂道グループは割と何でも自分の体験を話すメンバーが多いのですが、僕が感心したのは彼女が『**感情が溢れるっていうのは、ああいうことなんですね**』――という表現を使ったことです。〝理由はわからないけど涙が止まらなかった〟までは誰にでも言えますが、そこに〝感情が溢れる〟という文学的な表現を加えられたところに、3期生の奥の深さというか、とんでもない才能が集まっていることを認識させられた気分でした」

そしてその山下美月が――

『**同じ方向を見ていけば間違わない**』

――とまで信頼する久保史緒里。

〝くぼした〟コンビが起こしてくれるであろう革命を、ワクワクしながら待とうではないか――。

山下美月が意識する、自らの〝弱点〟

『自分にはないものを持っているメンバー。たとえば天性のアイドル性を持っているメンバーにその分野で勝てないなら、別の場所で努力するしかない。

それが私のやり方で、将来勝ち残っていくための手段です』

～演技もパフォーマンスも3期生屈指の実力を持つ山下美月だが、本人は「私はアイドル性に欠ける」弱点があると言う。しかし弱点は克服さえすれば、最強の長所を運んでくれるのだ～

乃木坂46に加入して1年が過ぎた3期生たちは、神宮球場をはじめ夏の全国ツアーで明らかな意識改革を起こし、『見殺し姫』、東京ドームコンサートを経て全員が〝プロの集団〟に成長した。

そして12名の3期生のうち、自らの背中でメンバーを引っ張ったのは、間違いなく山下美月だった。

『私なんか全然、みんなを引っ張ったなんて思ってませんよ。だって桃子と与田ちゃんは『逃げ水』のセンターだし、久保ちゃんは『見殺し姫』で誰よりも多いセリフをキッチリと覚えて、最後まで〝久保ちゃんらしい〟姿を見せてくれたじゃないですか? 私なんて本当、覗き見していただけですから(笑)』

主人公格の一人、沙霧を演じた山下。〝覗き見〟と言えば聞こえが悪いが、それは好奇心が旺盛で、かつ自分の身の回りで何が起こっているのかを冷静に分析するため、情報を収集する役柄とも言える。

そして今回の作品、メンバーそれぞれの性格や特徴に〝宛て書き〟したとのことなので、山下は運営スタッフからそう評価されているということだ。

『確かに自分が今どこのポジションにいて、一つ上に上がれるためには何をすればいいのかを、直感や運で決めることはありませんね。まずは周囲を見て、久保ちゃん、桃子、与田ちゃんとは〝違う強味〟を持たなきゃダメだと思ってますから』

その山下のポリシー、仕事への取り組み方が、３期生に大きな影響を与えた。
そしてそれは、３期生のエピソードの端々に実は現れている――。

吉田綾乃クリスティーが引き継ぐべき〝乃木坂の流儀〟

『3期生全員が緊張で逃げ出したくなっていた18thシングルの選抜発表で、真夏さんがコケたのを見て声を出しそうになるぐらい驚きました。それまでも真夏さんの〝コケ芸〟はテレビで見ていて、でも普通の人というか普通の神経では、絶対にあの空気の中じゃコケられないじゃないですか？ それをやり切って、その瞬間にスタジオの空気がフッと和んだ。後で「芸じゃなくガチ」――って笑っていた姿も、本当に可愛かったですね』

～秋元真夏の笑顔の魅力には「誰も敵わない」と言う、3期生きっての秋元推し、吉田綾乃クリスティー。かといって本人の雰囲気からは〝バラエティ志望〟とも思えないが、意外にも？～

さゆりんご軍団、真夏さんリスペクト軍団、そして若様軍団。最初に結成された軍団のメンバーが4人だったからか、これまでの3つの軍団は、すべて軍団長を含めた構成員が4名ずつだ。

『〝スイカ〟さんは軍団じゃないけど5人だし、乃木坂46のメンバーが増えるに従って、〝真夏さんリスペクト軍団もメンバーを増やしてもらえないかな〟……と願ってはいます。ただ、それは3期生の私からは言えません』

大分県出身、地元の誇りでもある衛藤美彩に憧れて乃木坂46を目指したのかと思いきや、テレビで見た秋元真夏の笑顔とキャラクター、そして「絶対にいい人に違いない」と確信していた性格が「大好きです」と、オーディション時から〝秋元愛〟をアピールしていたのが吉田綾乃クリスティーだ。

『〝クリスティー〟っていう名前でも、芸能人やアイドルと知り合いでも何でもないから、正直、初めは真夏さんに会うのが怖かったんです。〝もし私が想像していたような人と違ったら、どうしよう？〟……って。でも想像をはるかに超えるほど優しくて、はるかに超えるほど可愛かったんです』

3期生が秋元ら1期生に初めて挨拶した時、12名は極度の緊張と感動で号泣してしまったという。

そんな時、スタッフから「吉田綾乃クリスティーは真夏のファンだよ」と聞かされていた秋元は、そっと吉田に近寄って――

『大丈夫だよ』

――と、優しく気遣ったそうだ。

『私も後輩が出来たら、真夏さんがしてくれたように接したい。たとえその子が私に憧れてなくても。それを引き継ぐべきなのが〝乃木坂の流儀〟だと思うから』

そう言い切った吉田綾乃クリスティーの目は、単なる秋元推しの一ファンではなく、れっきとした〝乃木坂46のメンバー〟の目だった――。

与田祐希が掴んだ〝ネガティブな自分〟から脱却するきっかけ

『基本、私は血筋というか、根っからのネガティブで、1回そのスイッチが入ると、とことん落ちるところまで止まらないんです。

でもこの活動を通して、ふとそれがバカらしくなったんですよ。

だって毎日、ポジティブの何倍もネガティブがやって来るんですから（笑）』

実質的には〝3期生のエース〟として認められている与田祐希。その与田がいつまで経ってもネガティブな自分から抜け出せないとなると、これからの3期生の成否に関わる問題。しかし自らきっかけを掴んでこそ、エースはエースとして君臨するのだ。

「今のところ運営の3期生に対する育成方針は、概ね決まっています。ライブや舞台など、独自の活動を重ねることで力をつけさせる。その中心に据えている4人の中でも、与田に対する期待は頭一つ抜けています。その与田が〝ネガティブ癖が抜けない〟となると、3期生全員の未来に関わるでしょう。運営の大人たちが必死に与田を支えたのも当然ですね」

乃木坂46運営とはかなり親しいポジションで仕事をしている人気放送作家氏は、ちょうど真夏の全国ツアーが始まる直前、

「与田祐希に自信をつけさせる方法はないか」

――と、運営サイドから内密に相談を受けたと明かす。

「もちろん深刻な話ではなく、過去に僕がアイドル候補生を集めた番組をやっていたので、その時の経験を尋ねられたんですよ」

その時、運営サイドが与田について〝何を語っていたか〟については、残念ながら「そこを話すと信用がなくなる（苦笑）」という理由で話してはくれなかったが、実際には「高校生なら誰だって悩むレベルの話」だそうで、周囲の大人たちの狼狽ぶりのほうが「むしろ気になった」という。

「普通なら放っておいても構わないような内容です。ただし地方出身のお嬢さんをお預かりしているという意味では、運営サイドがそこまで親身になってくれるのは有り難いでしょうね」

そして放送作家氏の予測通り、与田は自らその苦境を克服してみせたという。

『基本、私は血筋というか、根っからのネガティブで、1回そのスイッチが入ると、とことん落ちるところまで止まらないんです。でもこの活動を通して、ふとそれがバカらしくなったんですよ。だって毎日、ポジティブの何倍もネガティブがやって来るんですから(笑)。そうしたら自然に、ネガティブな自分を客観的に見れるようになって、ポジティブな自分を生み出せるようになって来たんです』

——自らを省みてそう語った与田。

そしてそこには、乃木坂46の先輩たちの力もあったという。

「全国ツアーや選抜仕事を通し、与田の変化に気づいてくれる先輩たちがたくさんいた。自然と彼女は**〝自分には心強い味方がたくさんいる〟**ことに気づけたのです」

先輩たちの力も借りながら、最終的には自分自身の力で〝ネガティブな自分〟から脱却するきっかけを見つけた与田祐希。

これからポジティブな意識へと変わっていくことで、彼女は名実共に〝3期生のエース〟として大きく成長していくことだろう——。

与田祐希をセンターのプレッシャーから救ってくれた齋藤飛鳥の〝心遣い〟

『Wセンターに選ばれてガラッと環境が変わった時、それまでテレビで見ていた先輩たちといつも一緒にいる自分が不思議で、喜びや楽しさよりも不安しかありませんでした。何を頑張っていいかも、まったくわからなかったし……。

そんな時、飛鳥さんが頭にチョップしてくれるのが、本当に嬉しかったんです』

～自分も1期生の年少組で、アンダーから選抜、センターへと這い上がった齋藤飛鳥だからこそ、不安そうな後輩に目がいくのだろう。与田祐希、そして大園桃子の感じていたプレッシャーや不安を拭い去ってくれた齋藤飛鳥の先輩としての心遣い～

最もキャリアの浅い3期生が、2期生どころか1期生も追い越してセンターに立つ――。

すでに7thシングル『バレッタ』で〝下克上〟ショックを与えられていた乃木坂46メンバーたちだったが、当然のように〝選ばれた者〟には選ばれた者にしかわからない、苦悩やプレッシャーが与えられる。

特に『逃げ水』での与田祐希、大園桃子の場合、『バレッタ』の堀未央奈と大きく異なるのが、彼女たちは乃木坂46が大ブレイクしてからのオーディションを突破し、加入したメンバーだということだ。

『最初の頃、先輩たちを見るだけでキャーキャー言っていて、スタッフさんに怒られました。でも自分の目の前に、ずっとテレビや雑誌で見て憧れていたメンバーさんがいる。3期生のみんなは、そういう関係性からのスタートだったんです』

そんな彼女たちの中から選抜、しかもセンターに抜擢されたメンバーが出たのだ。喜びや嬉しさよりも、例えようのないほど大きな不安に襲われて当然。

しかしそんな与田と大園を助けてくれたのは、2期生として同じ経験をした堀ではなく、さらに手の届かない憧れの存在、1期生の齋藤飛鳥だった。

『飛鳥さんに構ってもらっていると、白石さんや衛藤さん、西野さんが〝飛鳥が後輩をイジメてる！〟――って、冗談でツッコんでくださるんです。気づいたら私も桃ちゃんも、先輩たちと笑顔で話せる

ようになっていたんです』

報われない辛さを知る齋藤飛鳥だけに、実は誰よりも後輩に優しい。

与田はこの時の齋藤飛鳥の気遣い、心遣いを——

『一生忘れません』

——と語る。

そしてまだ見ぬ〝4期生〟の後輩たちを——

『今度は自分が救ってやりたい』

——と誓ったのだ。

乃木坂46

素顔のコトバ

全メンバー・フレーズ集

Phrase from all members

◢1期生

秋元真夏

『小学校の卒アルに書いた将来の夢が、少しだけど叶いました。
改めて〝このお仕事の可能性、無限だ〟って信じて頑張っていきたい』

～2017年5月3日に開催された『GirIs Award 2017 SPRING／SUMMER』でMCを務めた秋元真夏。卒業アルバムに書いた「アナウンサーになりたい」夢が、7時間にも及ぶMCで叶えられた気分～

生田絵梨花

『子供の頃から映画やドラマに感動して泣くような子じゃなく、むしろ恥ずかしいと思う子だった。

乃木坂46に入ってから5年以上、悔し涙の先にようやく感動の涙の存在を知れました』

～『ロミオ&ジュリエット』『レ・ミゼラブル』とミュージカル作品に出演し、ミュージカル女優として高い評価を受けた生田絵梨花。思い通りにならない悔しさを乗り越え、自分に自信を持てるようになった今だからこそ、「素直に感動の涙を流せるようになった」――と語る～

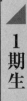

生駒里奈

『自分を犠牲にしてでも守りたいと思えるのが、乃木坂46のメンバーなんです。〝こんなに大切な人を45人も作ってくれた乃木坂46が本当に大好きだな〟――と、改めて思いました』

～2017年7月2日の神宮球場コンサートで、46人全員が揃った時の生駒里奈のセリフ。この日、3期生、2期生、1期生と順に登場し、セットリスト29曲目で46人が並んだ後のアツい想い。乃木坂46史上に残る名言～

井上小百合

『正直なところ、舞台が続くとグループを離れる不安があるんです。それが乃木坂の舞台だとしても、全員が一気に出る舞台じゃない。去年はそれで胃が痛くなったし……。でも今回の〝将子ちゃん〟役だけは、どうしても自分がやりたかったんです。〝この役は私を待ってた！〟――って、初めて思えたから』

～舞台『あさひなぐ』で主人公の同級生・八十村将子を演じた井上小百合。ドジで何も出来なかった主人公の成長に嫉妬を覚えつつも、友人としても部活の仲間としても支え合う重要な役割。井上はこのキャラクターにどこか自分を重ね、改めて正面から向き合った～

衛藤美彩

『私が舞台でやった役、映画では出て来ないんですよ。だからこそ私一人ぐらい、Wキャストじゃなく同一の役で出たかったな〜（笑）』

〜今年の春から秋にかけ、大きな話題になった乃木坂46『あさひなぐ』。舞台版にライバル校の部長役で出演した衛藤美彩は、映画版にはない自らの役を惜しむ〜

川後陽菜

『ちょっと前、番組のスタッフさんに「川後はコミュニケーションの化け物だな」——って言われたんです。「それ、ガチで褒めてます？」って聞いたら頷いてたけど、さすがに〝化け物〟はキャッチフレーズに使えませんよね（笑）』

〜いくら褒め言葉とはいえ、確かに〝化け物〟はどうだろう……（苦笑）。しかしつい使ってしまうほど、川後陽菜の〝対人コミュニケーション能力〟は群を抜いている。どんな相手だろうと、彼女の観察眼と分析力で丸裸だ〜

川村真洋

『プライベートでカラオケ行っても、やっぱり採点機能付きの店を選んじゃうんですよね。それで歌い終わったら、「何点？　何点？　何点だ～!?」――って、堺正章さんの真似しちゃったりして（笑）。
次、いつ声をかけて頂けるかわからないからこそ、普段からちゃんと準備をしておくことが大切。どんなお仕事でもやることは同じです』

～テレビ東京系『ＴＨＥカラオケ★バトル』への３度目の出場、そして初優勝を狙う川村真洋だが、同番組に次々と誕生する新星に焦りの色も？　しかしプロである以上、どんな仕事に臨む時もスタンスは同じ～

齋藤飛鳥

『後輩がたくさん出来た今だからこそ、「もっと私たちに頼っていいんだよ」と伝えたいんです。私は周囲に頼ることを知ったのが、すごく遅かったから――』

～『裸足でＳｕｍｍｅｒ』のセンターを務めるまで、周囲に〝弱味を見せてはならない〟と、頑なに心に誓っていた齋藤飛鳥。頼ることを覚え、自分のパフォーマンスがより向上した経験を早く後輩に伝えて〝楽にしてあげたい〟のだ～

斎藤ちはる

『夢が叶うことがこんなに嬉しくて楽しくて幸せだってこと、乃木坂のオーディションに合格した時とはまた違う喜びを、存分に味わうことが出来ました。きっとそれは長期ロケの間に壁にぶつかって、悩んで苦しんで乗り越えられたからこそ、感じられたものなんですよね』

〜この夏、TBS系『世界ふしぎ発見!』〝ミステリーハンター〟デビューを果たした斎藤ちはる。台湾で11日間の長期ロケを敢行し、ゴールデンタイムの長寿番組で堂々のデビュー。現役大学生でもあり、乃木坂46の知的路線を彼女が切り拓くか?〜

斉藤優里

『ラジオを長く続けていると、アイドルとしての私ではなく、〝パーソナリティとしての私〟にリスナーさんがついてくれる、〝特別な喜び〟に出会えることが出来たんです。もともと、自分の生活の中にラジオがなくて、だからどんなタイプのパーソナリティがウケるのかわからないところからのスタート。新しいリスナーさんの名前をメールやお葉書に発見するたび、心がひとつ〝ウキッ〟とします』

〜FM NACK5『おに魂』月曜日で、3時間生放送のパーソナリティを務める斉藤優里。すでに4年半も続くこの番組は、斉藤にとっては〝第2の我が家〟みたいなもの。本人いわく「素まる出し」のパーソナリティぶりが、リスナーを惹きつける人気番組だ〜

桜井玲香

『3期生にはものすごい期待感を持っていて、3期がどうなるかで乃木坂の今後が決まるぐらい、重要な子たちだと思う。ちゃんと育つように、私たちがしなきゃいけないことをいつも考えています』

～乃木坂46のキャプテンとして、先を見据えた発言をする桜井玲香。端から見るよりも3期生に懸ける期待の高さは驚きだが、この桜井の想いにきちんと応える3期生たちも立派～

白石麻衣

『3期生の『3人のプリンシパル』を見て、最初の『16人のプリンシパル』を思い出したんです。あの頃、観客席に向かって「どうしても1位になりたいんです！」——とアピールした、めちゃくちゃ必死だった自分を』

～クールビューティーのイメージが定着しているから……ではないだろうが、何に対しても「必死に取り組む方法しか知らなかった」頃の自分を思い出し、〝その経験があってこそ〟の想いを新たにする白石麻衣～

高山一実

『乃木坂46を代表してバラエティー番組に出させて頂くと、本当に何から何まで勉強になることばかり。最近ではフジモンさん（FUJIWARA）から、収録が長くなればなるほど、ご年配の出演者の話は「ずっと笑顔で聞くのが高山ちゃんの役割やで」——ってアドバイスされました。

そこにはアイドルが番組に呼ばれた意味があるんです』

～何時間にも渡る特番収録では、50～60代から上の出演者は〝収録後半に疲れて来る〟のが普通。そんな時、スタジオにいる若いアイドルが笑顔で話を聞いてあげれば、年配の出演者はもちろん、スタジオの空気を和ませてくれる。高山一実はバラエティーで売れるためのコツを、毎回少しずつ持ち帰っているのだ～

中田花奈

『最近、メンバー個々がラジオのパーソナリティやアシスタントをたくさん務めていて、私が（アシスタントを）やっている金曜日も衛藤や若月がレギュラーを持っていて、ライバル視はしてないけど意識はしてます。

ラジオは映像で加工したりごまかしたりが出来ないし、自分の性格がさらけ出されてしまうところが、怖いけど面白くて楽しい（笑）』

～新内眞衣の『オールナイトニッポン』に代表されるように、ラジオで存在感を発揮する乃木坂46メンバーは多い。FM・FUJI『沈黙の金曜日』で活躍する中田花奈もその一人で、生真面目ゆえに〝面白い〟性格を上手く引き出してもらっている～

西野七瀬

『私自身が自分の弱さを知ったところで生まれ変われたから、それが毎回、子供たちに重なって応援したくなるんです。佐藤隆太さんの包容力、博多大吉さんの優しさ溢れるコメント力にはいつも驚かされますけど、もう1年半もやらさせてもらってるんですから、これからは私が子供たちにメッセージを贈れるMCにならないと』

～ダメダメなスポーツ少年少女を応援する『ライオンのグータッチ』で、個人としての認知度を上げている西野七瀬。来年の春には2周年を迎えるが、本人は「出来る限り続けていきたい。そのために努力しなきゃいけない」――と意欲を見せる～

能條愛未

『今の乃木坂は、自分の居場所を自分で見つけられる子じゃないとしんどいし、これからますますそうなっていくんじゃないかなと思います。外仕事のチャンスをもらった時、まず〝自分がその仕事を将来にどう繋げるか〟考えられないとずっと埋もれたままになる』

～乃木坂46がアイドル界の頂点に立った今、次に求められるのは「メンバー個々の自覚と行動」だと語る能條愛未。すでに演劇関係者から注目を集めている彼女の言葉だからこそ、それは重い意味を持つ～

樋口日奈

『選抜で前のほうにいるメンバーに憧れる子が多い中で、アンダーの私に憧れて頑張って来た子に初めて出会いました。「誰かの憧れになれるように頑張りたい」――と決めてオーディションを受けた私ですから、その瞬間、私の夢も一つ叶ったんです！』

～自分の笑顔が「乃木坂46を目指すきっかけ」と聞かされ、頑張って来た甲斐があった――と語る樋口日奈。その相手、坂口珠美から〝ガッカリ〟されないためにも、さらなる精進が必要だと気合いを入れる～

星野みなみ

『今、メンバー11人が雑誌の専属モデルやレギュラーモデルをして、これから出す子も含めて16人が個人写真集を出してるんですよ。もちろん次は私の番だと思ってるし、私の番が来た時には、誰よりもアッと驚く写真集を作りたい。まいやんぐらい売れるのは無理でも、真夏は超えなきゃね（笑）！』

～そのルックスからは、モデルも写真集もオファーが殺到していそうな星野みなみ。白石麻衣『パスポート』20万部超には敵わなくとも、秋元真夏『真夏の気圧配置』5万部は意地でも超えたい？～

松村沙友理

『私、海外に行くと、必ずその土地の名前がプリントされているグッズを買って帰るんです。中には「ダサい」って言う子もいるけど、それを見るたびに思い出が甦ることが目的。だからダサいどころかサイコーなんです！』

～いかにも〝まっちゅん〟らしい明るく朗らかな、そして前向きな考え方。誰が何と言おうと、松村沙友理にとっては絶対に欠かせない〝自分へのお土産〟なのだから～

若月佑美

『3期生の後輩たちは、すごく「憧れてます」と言ってくれるんですけど、自分としては様々なキャラクターが大渋滞を起こしている最中で、〝そろそろ交通整理をしたいな～〟と思ってたところなんです。後輩ちゃんの正直な意見も聞いて、高速道路を飛ばせるようなキャラを確立したいですね。もちろん法定速度内で（笑）』

～あらゆることを器用にこなし、さらには二科展に6年連続で入選するなど、アーティスティックな才能にも溢れる若月佑美。しかし多才がゆえにキャラクターが増えすぎた今、何か一つに絞る〝勇気〟も必要なのかもしれない～

和田まあや

『だっていちいちマネージャーさんに連絡するより、かりんに聞くほうが早いし楽だし正確なんだもん。それに「前にちゃんと渡してるだろ!」って怒られたらテンション下がるし、かりんなら怒られるどころか、集合場所までの最短ルートも一緒に教えてくれるから』

～マネージャーから渡されたスケジュールを把握しておらず、アンダー仕事の確認は伊藤かりんで済ませる和田まあや。1期、2期の垣根がなく、アンダーツアーを通して固い絆で結ばれているのはわかるが、それにしても和田は相変わらず天然で、かつテキトー?(苦笑)～

2期生

伊藤かりん

『ファンの皆さんからの期待に応えられず、実際に自分が何も出来ずにぶち当たっていた壁。その壁を壊すきっかけは、すべて『将棋フォーカス』が与えてくれました。私はこの番組にいると、すごく心が軽くて楽になれる。悩みなんか一つもない、ハッピーな自分でいられるんです』

～2015年4月から司会を務める『将棋フォーカス』がきっかけで、個人活動の幅が飛躍的に広がった伊藤かりん。〝アイドルとしての壁をいかにして乗り越えるか？〟……苦悩の中で差した一筋の光明が、まさにこの番組だったのだ～

伊藤純奈

『自分が〝クールな人が好き〟っていうのもあると思うんですけど、いつも冷静に周囲の人を観察する癖がついてしまって、それで「こんなことを言っちゃいけない」みたいに、自分で自分にブレーキをかける性格が出来ちゃったと思うんですよね。良い意味で、自分に対しては「そんなの関係ねえ！」でありたい』

～1期生で言えば川後陽菜や能條愛未のように、常に周囲を冷静に観察していながらも、しっかりと自分のキャラクターを確立するようになりたい。伊藤純奈がもう一皮むけるには、間違いなく〝ブレーキ〟を破壊することだ～

北野日奈子

『未央奈がセンターとして2期生の存在感を出してくれたから、私が次のシングル（『気づいたら片想い』）で選抜に入れたんだと思います。

でもその流れを次に繋げられなかったのは、悔しいけど私の責任。

あそこで私がもっと頑張れていたら、2期生の未来も変わっていたのに』

～2期生の中では、堀未央奈に次ぐ〝永遠のNo.2〟的なポジションにいる北野日奈子。確かに2番手メンバーがそのチームのキーパーソンになるケースは多いが、今の2期生のまとまりや絆を見ると、結果オーライの気も～

相楽伊織

『2期生のみんなに〝相楽伊織節〟って言われるんですけど、私には意味がわからなくて。だって普通、何とか節って演歌とか民謡のことでしょ（笑）。

でも私と仲が良くなった人にも、たまに「伊織のペースがわからない」って言われることがあって、きっとそういうところが〝節〟なんでしょうね』

～同期に言わせると、「単なるマイペースではなく、伊織には彼女だけの時間が流れていて、絶対にブレない〝彼女だけのマイルール〟がある」――のが、相楽伊織の〝相楽伊織節〟らしい～

佐々木琴子

『あのセリフは本当に自然と出たセリフで、ようやく自分の中で発信する自信というか、「発信してもいいんだ」っていう気持ちが湧いて来たんです。「誰かのために頑張りたい！」――って、心から思えたんです』

～アンダーライブのMCで「こんな私を見捨てずにいてくれたスタッフさん、ファンの皆さんのためにも、もっと頑張りたいと思います」――と発言し、ファンからの喝采を浴びた佐々木琴子。それまではファンから見てもなかなか〝本心を明かさない〟彼女のセリフだっただけに、ストレートに響く～

新内眞衣

『みんな今の自分のすべてをありのままに表現していると思いますけど、特に私は25才で、やっぱりそれなりに〝大人の女性〟は意識しましたね。ロケ地がタイで、エキゾチックかつオリエンタルな背景に〝自分をどう活かすか？〟――も』

～2期生最初の単独写真集を発売する新内眞衣が意識したという〝大人の女性〟としての自分。25才という年齢を自分の〝武器〟に活かす～

鈴木絢音

『去年、ツアーのMCで「人生にリスクとか刺激が欲しくて（乃木坂46に）応募した」──って言ったのが、ファンの皆さんに〝絢音の気持ちを受け取った！〟と、なぜか好評だったんです。

私にも野心というか、貪欲に上を目指す気持ちがあって〝嬉しかった〟って』

～2016年『真夏の全国ツアー』名古屋公演でのMCで、乃木坂46オーディションを受けた理由をこう打ち明けた鈴木絢音。中学時代に教師の一言に感銘を受け、「つまらない人生を送りたくない」──の一念から芸能界へ。その想いを明かして以来、ファンの支持率も急伸～

寺田蘭世

『私たち2期生がアイドル界でも有数の個性派集団だってことは、実は3期生が入って来てくれたからこそ、ファンの皆さんに認められたことだと思う。

そういった意味でも、後輩とはポジティブな化学反応を起こせると思ってます』

～自分たち2期生の加入時に比べ、明らかに脚光を浴びている3期生。普通ならば嫉妬のセリフが出て来てもおかしくないが、寺田蘭世はポジティブに〝後輩たちとの化学反応〟を起こしたいと語る～

堀未央奈

『やっぱり悔しい。知名度や実力を上げて、ファンの皆さんに〝未央奈ならセンターに相応しい〟――と思ってもらえるようになってから、それでセンターに選ばれたかったのは、ずっと抱えてる本音と、何も出来なかった後悔ですね』

～『バレッタ』以降、堀未央奈はもちろんのこと、2期生からセンターが現れない現状。遂には3期生のWセンターに先を越され、いよいよ追い込まれた感のある2期生たち。しかし堀をはじめ、その闘志の炎は静かに燃え続けているのだ～

山﨑怜奈

『何の前触れもなく、いきなり同期がセンターに選ばれたショック。私たちが未央奈の時に経験したショックを、3期生たちは桃ちゃんと与田ちゃんからWで受けたようなものですからね。2人のケアは選抜メンバーに任せて、私たちは2人以外の3期生のケアをしなきゃいけない。すぐに前を向いて歩いて行けるように』

～『逃げ水』で3期生の大園桃子、与田祐希がセンターに選ばれた時、山﨑怜奈は自分たちが後輩に抜かされたショックよりも、2人以外の3期生の心境を気遣っていたという。深川麻衣の卒業後、空席だった〝聖母〟ポジに一歩近づいているかも？～

渡辺みり愛

『2期生の研究生だった頃から、他のメンバーから悩み相談を受けるタイプだったせいか、自分からは悩みや相談を発信しない子になりましたね（笑）。最年少の妹キャラは、そもそも私には無理だったんですよ』

～2期生最年少で研究生として合格した当時は、13才の中学2年生だった渡辺みり愛。しかし最年少ながらその性格は大人びていて、逆に年上から頼りにされることもしばしば～

3期生

伊藤理々杏

『今回、『3人のプリンシパル』と違って全員に最後までセリフがあるから、自分のセリフはもちろんだけど、全員のセリフも頭に入れてみようと思ったんです。でも久保ちゃんの〝汐寝〟は本当に（セリフの）量が多くて、私には覚え切れなかった。あれだけ覚えて、しかもお芝居まで完璧。かなり刺激を受けましたね』

～3期生12名で挑んだ舞台『見殺し姫』で〝浮洲〟を演じた伊藤理々杏。役柄は12人の姫たちの意見をまとめるリーダー的な存在だったが、ストーリーテラーを担った〝汐寝〟役の久保史緒里の存在感と演技力に圧倒され、「負けたままじゃいられない」と次のチャンスに向けての目標を誓う～

岩本蓮加

『私だけじゃなく、3期生のみんなは桃ちゃんがどれだけ頑張ってピアノの特訓をしていたかを知ってるから、失敗したって全然気にしないし、何とも思わなかったんです。あの初日の緊張感の中で、ピアノを弾いてくれただけで私は本当に嬉しかった』

～2017年5月9～14日で行われた、3期生初の単独ライブ。そこで披露されたのが、『君の名は希望』での大園桃子ピアノ伴奏だった。実際、お世辞にも上手いとは言えずボロボロの伴奏だったが、岩本蓮加は本番に至るまでの大園の努力を高く評価する～

梅澤美波

『私が演じた〝朱雀の姫〟は、12人の中で誰よりも冷静で大人な役。ステージに大きなモニターがあるわけじゃないし、しかも衣裳のせいか後方席からは見分けがつき難いって言われたんですけど、私だけは「すぐに見つかる。それは身長じゃなくてオーラがあるから」――って言われた時は、かなり嬉しかったですね』

～170㎝超のメンバーは〝人気が出ない〟のが定説だが、彼女は握手会人気で3期生四天王の一角に食い込む人気と存在感を誇る。『見殺し姫』でもそれが証明されていた～

大園桃子

『あの選抜発表の収録に3期生が呼ばれた時、〝絶対に3期生から選抜に選ばれる子がいるんだ〟――って、みんな思ってました。すごくみんな落ち着かなかったけど、私だけは正直、まだ誰も選ばれて欲しくなかった。波乱みたいなことは起きて欲しくなかったんです』

～その波乱の主役、与田祐希とともに『逃げ水』のWセンターに選ばれた大園桃子。「まだみんな平等でいたい」思いが、彼女の性格を表している～

久保史緒里

『今年の夏のツアーを経験したことで、私の中に〝3期生12人の内の1人〟ではなく、〝乃木坂46の一員〟という意識が芽生えたんです。するとと自然に、乃木坂46に少しでも貢献していきたいモチベーションも、すごく高まったんですね』

～それまではどこか、自分が乃木坂46のメンバーだと名乗っていいのかどうかも、心の中で「おこがましい」と思っていた久保史緒里。しかしツアーを通し、ようやくその自覚が～

阪口珠美

『3期生は本当に乃木坂ファンのメンバーが多いので、最初は先輩たちを見てキャーキャー言ってました（笑）。でも初めて『FNS歌謡祭』に出させて頂けることが決まった時、みんなで集まって「もうファンではない。先輩は先輩として見なければならない。行動もパフォーマンスも早く追いつきたい」――と話し合って、それからみんなの意識が変わったんです』

～自身は1期生・樋口日奈の大ファンだという坂口珠美。地下アイドルとして活動していた時期から、常に乃木坂46に対して強い憧れを抱いていた。しかしそんな彼女だからこそ、1日も早く〝真の乃木坂46〟と認められたい気持ちも強い～

佐藤楓

『シュークリームを葉月の顔にぶちかました感触は、きっと一生忘れられないと思います(笑)。あの日は私にとっての凱旋コンサート、名古屋初日の夜だったからか、変にテンション上がってたんですよ。でもやられたほうの葉月はもっとテンション上がってて、なぜかその瞬間、仲間としての絆を感じました』

〜ちょうど『真夏の全国ツアー2017』名古屋2Daysの時に誕生日を迎えた向井葉月に、人生最大のサプライズを食らわした(?)佐藤楓。顔面ケーキならぬ顔面シュークリームで始まったサプライズパーティー。その時の独特なノリと空気感に、仲間の絆を感じた〜

中村麗乃

『ただ単に〝泣く〟お芝居があんなに難しいと思わなかったし、セリフや表情とはまた別の〝人間の本能を一気に開放する〟みたいな、「そういうお芝居もあるんだな〜」って、すごく勉強になりました。同時にこれからは、普段から〝喜怒哀楽をもっと前面に出していきたいな〟とも』

〜泣くことで不思議な力を発揮し、後々、12人の姫たちの中で重要な役割を担う〝蒼馬〟を演じた中村麗乃。劇中、あまり存在感のない役から一気に爆発する役だけに、セリフよりも〝泣く〟演技の難しさを知る〜

向井葉月

『私と与田ちゃんは3期生で身長が一番低い152㎝で同じなんですけど、舞台でもその2人が少し男の子っぽいキャラクターで、だから絶対にお客さんから見て〝与田ちゃんよりも大きく見える〟ように工夫しました。舞台映えをして印象に残れば、また次の作品に繋がりますからね！』

～3期生の舞台『見殺し姫』では、女だてらに勇猛果敢、弓の名手〝多岐都〟を演じた向井葉月。その演技力の幅は、確かに観劇に来ていたマスコミ関係者の目に留まっていたそうだ～

山下美月

『私が〝若様軍団〟に入ったのは、ガチに若月さんみたいに何でも出来る、スーパーオールマイティーなアイドルになりたいからです。結成してすぐに曲を頂けて、東京ドームでも若様軍団コーナーを盛り上げたいですね！』

～〝さゆりんご軍団〟〝真夏さんリスペクト軍団〟に続き、3チーム目の公式軍団として発足した〝若様軍団〟。若月佑美に憧れる山下美月は、事実上のナンバー2としてこの軍団を引っ張る～

吉田綾乃クリスティー

『桃ちゃんも「何で私が虫好きキャラなんだろう」……って首を捻ってましたけど、私なんて病に伏せる〝病弱キャラ〟ですからね。病弱でいつも咳き込んでるアイドルなんて、誰も握手会に並んでくれないじゃないですか？　まあ、ファンの皆さんに心配されるという意味では、病弱じゃなくても病弱のようなものですけど（笑）』

～確かに吉田綾乃クリスティーが演じた〝雅〟の役柄だけを見れば、制作サイドが彼女に〝病弱なイメージ〟を持っていたとも言える。しかし見るべき点はそこではなく、〝誰よりも思いやりがあり、優しく見守る性格〟だというところ。病弱なキャラクターは、それを際立たせることを目的としていたのだ～

与田祐希

『舞台（『見殺し姫』）が終わって家に帰ると、毎日のように打ち身の傷が増えてたんです。必死に役に入っている間は、どこでぶつけたかなんて覚えてない。『3人のプリンシパル』で美月と久保ちゃんには〝お芝居では敵わない〟って諦めた気持ちもあったんですけど、今回、そんな気持ちがすべて吹き飛びましたね。お芝居でも負けたくないですもん』

～3期生のオリジナル舞台『見殺し姫』で、事実上の主役〝久遠〟を演じた与田祐希。ストーリー展開のきっかけを担う重要な役で、彼女の〝欲〟もまた変化するきっかけに～

乃木坂46

素顔のコトバ

NOGIZAKA

坂道のぼれ！

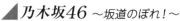

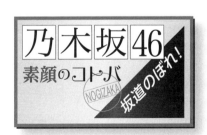

エピローグ

2017年11月24日、いよいよ乃木坂46の〝アジア進出〟の第一歩が記される——。

本編に何度か登場した〝タイ観光大使〟の乃木坂46だが、当地でライブを行ったことはなく、飛行機でタイを通り越したシンガポールに、その足跡が刻まれるのだ。

「11月24日から26日までシンガポールで開催される東アジア最大級のイベント『C3 アニメ・フェスティバル・アジア（AFA）』の、初日に開催されるライブです。通常はアニメやアニソン関係のアーティストが招聘されますが、〝今、日本で最も人気と勢いがあるアイドルを〟——という数多くのリクエストに応え、乃木坂46に声がかかったようです。乃木坂46運営もアジア進出の機会を狙っていたと聞いています」（大手広告代理店営業マン）

その証拠にシンガポール公演に合わせ、Facebookと中国版Twitterの〝ウェイボ〟に公式アカウントを開設した。

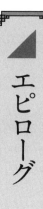

「かつてシンガポールでは、ＡＫＢ48グループが定期公演を行っていた時期があり、また近隣のインドネシアにはＪＫＴ48があり、シンガポール公演も行っています。ジャニーズのアイドルや、来年には安室奈美恵が引退前のアジアツアーを行う予定で、実はシンガポールのファンは日本のアーティストやアイドルに対する審美眼が厳しい。ここで成功するかどうか、運営が狙うアジア進出の成否の鍵になるでしょう」（同）

おそらくは今回のシンガポールライブをきっかけに、香港、台湾、韓国、もちろんタイからもオファーが殺到するに違いない。

２０１８年は日本を飛び出してアジアへ！
そして世界へ！
乃木坂46の可能性は、どこまでも広がっていくだろう――。

乃木坂46
素顔のコトバ
NOGIZAKA
坂道のぼれ!

〔著者プロフィール〕
小倉航洋（おぐら・こうよう）

大学在学中から某メジャーレコード会社に出入りし、音楽ディレクターとしての第一歩を踏み出す。数々のアーティストから信頼を得て、テレビ音楽番組に進出。現在、アドバイザーとしてテレビとラジオで５本の番組と関わる。本書では、彼の持つネットワークを通じ、乃木坂46と交流のある現場スタッフを中心に取材を敢行。乃木坂46メンバーが語った生の言葉と、周辺スタッフから見た彼女たちの“素顔”を紹介している。

主な著書に『乃木坂46 ～46のキセキ、46の希望～』『乃木坂46 夢の先へ ～彼女たちの今、そして未来～』『欅坂46 欅革命～彼女達の戦い～』『欅坂46 煌めく未来へ ～彼女たちの今、コレカラ～』（以上、太陽出版）がある。

乃木坂46 素顔のコトバ
～坂道のぼれ！～

2017年11月22日 第１刷発行

著　者……………… 小倉航洋
発行者……………… 籠宮良治
発行所……………… 太陽出版
東京都文京区本郷4－1－14 〒113-0033
電話03-3814-0471／FAX03-3814-2366
http://www.taiyoshuppan.net/

デザイン・装丁… 宮島和幸（ケイエム・ファクトリー）
印刷・製本……… 株式会社シナノパブリッシングプレス

ISBN978-4-88469-923-9

◆ 小倉航洋・著書紹介 ◆

乃木坂46
～ 46のキセキ、46の希望～

小倉航洋［著］ ¥1,300円+税

『私たちが結果を出したり
可能性を感じてもらえるようにならないと、
きっと“やっぱり乃木坂はアイドル止まりだな”
……で終わっちゃうから』【白石麻衣】

46人が見せてくれるキセキ、そして明日へと繋がる希望
すでに幕が上がった第2幕を
彼女たちはどのように紡いでいくのだろう――

彼女たちが舞台裏で語った“言葉”と“知られざるエピソード”
周辺スタッフだけが知る、彼女たちの“素顔”を独占収録!!
1期生・2期生・3期生全メンバーの発言＆エピソードを収録!!

◢ 秋元真夏
『去年ぐらいまでは、まいやん、七瀬、生ちゃんたちが“乃木坂46の入口”になるんだろうな～って思って来たんですけど、今年は堂々と“秋元真夏だ!”と言えるぐらい、バラエティー番組で爪痕を残していきたいんです』

◢ 生田絵梨花
『スタッフさんとかいろんなメンバーから「強くなった」「たくましくなった」――と言われるようになって。でもいくら褒めて頂いても、私は満足したくない。ずっと高みを目指してやっていきたい』

◢ 齋藤飛鳥
『この5年間、周囲が“アイドルだから”ってチヤホヤと優しくしてくれるのを、ずっと疑いながら生きて来たんです。“騙されないぞ!”……みたいな。でもセンターに立った時、本当にみんなに助けられてばかりで、やっと周囲の優しさをシャットアウトせず、受け入れる方法がわかって来たのが私の成長ですね』

◢ 高山一実
『欅ちゃんは姉妹グループじゃなくライバルグループのつもりで接しなきゃいけない部分、絶対にあると思う。妹分が出来て喜んでいたら、絶対にAKBさんは倒せない。うかうかしていたらレコード大賞だって、欅ちゃんに先に取られるかもしれないんだから。それでも笑ってられるの?』

◢ 西野七瀬
『ソロでやらせて頂くお仕事が増えて来て、どの現場にも自分が成長するヒントがあったりするじゃないですか? それを乃木坂に持ち帰るのも私の大切な仕事だってわかってるんですけど、持ち帰るどころか、私がパワーをもらってばかり。でもそれが、私にとっての乃木坂46』

◢ 松村沙友理
『(桜井)玲香は私のことを、いつも「まっつんはその場にいるだけで周りの空気を明るく変えてくれる」と言って褒めてくれるんです。そう言ってもらえることは嬉しいし、もし本当にそんな役割を担っているんだったら、私は乃木坂のために永遠に周りを明るくしていきたい』

◢ 堀未央奈
『私たちが入った頃、実は1期生の皆さんは2期生をかなり意識して見ていたそうなんです。私はそんなこと全然感じてなくて、生駒さんにもそう返したら笑われました。そして「その鈍感力が未央奈の武器」だって……』

◆ 小倉航洋・著書紹介 ◆

乃木坂46　夢の先へ
～彼女たちの今、そして未来～

小倉航洋［著］ ￥1,300円+税

**『今までAKB48さんが王道だったとしたら、
46が新しい王道を作れるようになりたい』**【生駒里奈】

**『私たちも他にはないグループになりたいし、
そうならなければならない』**【白石麻衣】

彼女たち自身が語った“言葉”と、
周辺スタッフが語る彼女たちの“真の姿”を独占収録――

◢秋元真夏
『私たちが2011年に結成された時って、AKB48さんがだいたい5周年でしたよね？今の乃木坂46が同じぐらいの期間を活動して来たと考えると、当時のAKB48さんの知名度まではいっていない気がする』

◢生田絵梨花
『自分自身、“何か中途半端だな”……というのが長年の悩み。それでも最近は“自由にやってみよう”って、いろいろと考えてます。自分を出すためには余計なセーブをかけたくない』

◢衛藤美彩
『必ずやって来る困難の連続を、どう立ち向かってどう打ち破るか？――それがずっと私の前に立ちはだかって来た“壁”の正体です。ファンの皆さんには、そんな私の姿を見て勇気をもらってくれればいい。私のアイドル人生は、そのためにある気がしてるんです』

◢齋藤飛鳥
『“飛鳥がそんな責任を負って大丈夫なのか？”……って心配して頂けるのはありがたいけど、私はもう平気だし、“そんなに弱っちくないですよ”というところを見せて、安心させてあげたい。だってそれがセンターの責任だから』

◢高山一実
『みんなにはそれぞれに夢があるのは知ってるけど、本当にそんな、辛いアメイジングなんていらないんですよ。女優だってモデルだって、乃木坂にいながらすればいいんです。私も含め、良い意味で乃木坂がゴールだと思えるようになれれば』

◢西野七瀬
『自分たちの中にある“乃木坂46っぽく”という観念と、ここ1年ぐらいは戦い続けた気がする』

◢松村沙友理
『目標は壇蜜さん。壇蜜さんがすべてを見せるなら、私は半分くらい見せたい』

◢若月佑美
『みんなより2歩下がった女性になりたい。乃木坂46のことも、2歩下がって客観的に見たい。少し後ろから見守って支えるほうが私らしい』

◢堀未央奈
『最初にセンターになった時は、自分の理想とまったく違ってたので、正直に言って何も出来ないまま、やれなかったことのほうが圧倒的に多かったです。でもだからといって“今なら出来る”とかじゃなく、私はもちろん、それぞれが乃木坂以外の仕事をやる中で経験を積んで、それをグループで共有して実力を上げていきたいんです』

◆小倉航洋・著書紹介◆

欅坂46　欅革命
～彼女達の戦い～

小倉航洋［著］ ¥1,300円+税

『誰よりも努力するなんて当たり前のことだし、
そうやって自分の身になったものだけが、
“見ている人に感動や感激を与えられるんだ”
――と、私は信じてる。
そして感動や感激の先にある“勇気”を与えたいから、
私はここに立っているんです』【平手友梨奈】

アイドル界の頂点目指し、今まさに革命を起こさんとする32名――
それはアイドル界の常識を覆す戦い
彼女達は何のために戦い、自らに何を課しているのか?
進化し続ける欅坂46――
彼女達自身の“言葉”と、周辺スタッフが語る彼女達の“真の姿”

◢今泉佑唯
『自分は何をやるにしても本当にペースがスローで、“去年からの欅坂の勢いについて行けてないんじゃないか”……って、悩むことのほうが多かったです。今年は『残酷な観客達』っていうドラマも決まってて、何とか頑張らないといけない。欅坂の勢いがさらに増してることを普段の生活の中で感じるから、その勢いに乗れるように。だってチャンスは、そんな簡単には転がってませんもん』

◢小林由依
『3月には『non・no』のモデルに選ばれた理佐ちゃん一人だけ、『東京ガールズコレクション』のランウェイを歩いたんですよ。実はその時、素直に理佐ちゃんのお仕事を喜べない自分がいて、“モヤモヤしているのは何でだろう?”……と不思議だった理由が、今回ハッキリとわかったんです。“私もランウェイを歩きたい！”――それが自分の中の、本当の気持ちだってことに』

◢志田愛佳
『きっと2人なら“何だって出来る!”予感があるから、どエライことを成し遂げるまではコンビを解消しませんよ。“ザ・クール”は番組が付けてくれただけで、私たちの好奇心は“ザ・クールの先”を狙ってますから』

◢菅井友香
『前に“けやかけ“でメンバー相関図を土田さんと澤部さんに説明した時、あとで「もしかして菅井様、ポンコツ化してる?」――って言われて、本気でショック受けたんですよ。だって自分がポンコツに見えたのなら、私が相関図で説明した“メンバーの良さ”も伝わっていない……って意味ですよね?』

◢長濱ねる
『欅坂46も自分だけが最終審査の前に連れ戻されて、みんなの中に入るのはしんどかったし、生半可な覚悟では戻って来れなかった。これから入って来る2期生に対して、こんな私がしてあげられること。もう決まってるも同然ですよね』

◢渡邉理佐
『まずは21人の欅坂46を一つの強い固まりにしたいんです。“誰か一人でも欠けると欅じゃない、欅とはこの21人のことだ！”――って胸を張れるように』

◆ 小倉航洋・著書紹介 ◆

欅坂46　煌めく未来へ
～彼女たちの今、コレカラ～

小倉航洋［著］　¥1,300円+税

『去年までは周囲やファンの皆さんにお膳立てを
してもらって、私たちはただその道を歩いて来ただけだった。
でも今年は自分たちで積極的にチャンスを掴み、
道を切り拓いていきたい』【菅井友香】

100のフレーズと知られざるエピソード――
彼女たち自身が語った"言葉"と、周辺スタッフが語る
彼女たちの"真の姿"を独占収録!!
煌めく未来へ向かって、32の個性が大きく花開く
彼女たちの今、コレカラ――

◢小林由依
『堂々としていた。ファンの方からの「超絶カワイイ、友梨奈!」コールを受けている姿を見て、この子のセンターなら大丈夫だと確信した』

◢平手友梨奈
『生駒里奈さんに「今は純粋に泣いていいんだよ」「センターに対する重みも、特別に何かを感じなくてもいい」――と言われた時、プレッシャーの乗り越え方を一つ学んだ気がするんです。良い意味で無神経、無頓着でいること。私に出来るのかどうか、わからないですけど』

◢長濱ねる
『アイドルは笑顔で歌って踊って、それでファンの皆さんに夢を与えるだけが役割じゃなく、自分の憧れや好きなことを発信してファンの皆さんと共有出来ることも大きな喜びなんだな～って、舞台の袖からみんなを見ている期間があったからこそ、特に強く感じるようになれたんです。それもこれも、私が遅れて入ったからこそわかったことなんですよね』

◢渡辺梨加
『デビュー曲から3曲続けてソロやユニットがあるのは、てち、ねる、ゆいちゃんずの2人、私の5人しかいないんです。その4人と比べたら、私が期待される理由なんてまったく見当たらない。そもそも自信なんて最初からない。それでも前を向いて、やり続けるしかないんですよね。この場に立たせてもらっている者の一人として――』

太陽出版
〒113-0033
東京都文京区本郷 4-1-14
TEL 03-3814-0471
FAX 03-3814-2366
http://www.taiyoshuppan.net/

◎お申し込みは……
お近くの書店にお申し込み下さい。
直送をご希望の場合は、直接小社宛にお申し込み下さい。
ＦＡＸまたはホームページでもお受けします。